PARA VER, SABOREAR Y CANTAR
LA BELLEZA DE DIOS EN JESUCRISTO

EXÊGESIS VISUAL

VOL. I

Scripture quotations marked (RVR 1960) are from the Reina Valera © 1960. El texto Biblico ha sido tomado de la version Reina-Valera © 1960 Sociedades Biblicas en America Latina ; © renovado 1988 Sociedades Biblicas Unidas. Utilizado con permiso.

Gracias a los Traductores

Agustin De Angelis

Alexis "El Broder" Rodríguez

Daniela de la Rivera

Francisco Adolfo Hernández Aceves

Gissel Batres

Karen Belén Urtubia

Pedro Rodas

Contenido

I. *Prefacio* — 1

II. Esperando a Emanuel
- Salmos 8:3–4 — 4
- Génesis 3:15 — 6
- Éxodo 2:23–25 — 8
- Éxodo 34:6–7 — 10
- Levítico 17:11 — 12
- Isaías 6:1–7 — 14
- Isaías 40:31 — 16
- Jeremias 29:11 — 18
- Daniel 3:25 — 20
- Zacarias 3:1–5 — 22

III. Ved Aquí al Dios Vuestro
- Mateo 1:21 — 26
- Juan 1:14 — 28
- 1 Pedro 2:24 — 30
- Isaías 6:1; 52:13–14 — 32
- Salmos 32:5 — 34
- 1 Juan 4:10 — 36
- Colosenses 1:18–20 — 38
- Romanos 5:6–8 — 40
- Efesios 2:4–7 — 42

IV. Vivificados
- Juan 14:6 — 46
- Lucas 15 — 48
- 2 Corintios 5:17 — 50

V. Crecimiento
- Romanos 12:2 — 54
- Lucas 10:41–42 — 56
- Colossenses 3:1–3 — 58
- Efesios 2:22 — 60

VI. Sufrimiento y Perseverancia
- Juan 14:27 — 64
- Isaías 54:17; Romanos 8:28 — 66
- Romanos 8:28 — 68
- Apocalipsis 6:9–11 — 70
- 2 Corintios 12:9 — 72
- Judas 24–25 — 74

VII. Dando Vuelta a la Primera Página
- 2 Tessalonicenses 1:7–10 — 78
- Apocalipsis 5:12 — 80

VIII. *Apéndice* — 82
- *¿Podemos dibujar ilustraciones de Jesús?*

IX. *Acerca de Full of Eyes* — 90

Prefacio

Full of Eyes es un ministerio basado en el arte, que procura ayudar a la gente *a ver, saborear, y cantar la belleza de Dios en Jesucristo*. Este libro es una extensión de ese objetivo y contiene varias ilustraciones recopiladas del primer año y medio de existencia de Full of Eyes como un ministerio.

El reporte inspirado de la auto revelación de Dios a la humanidad es preservado para nosotros en un *libro,* la Biblia. Esto significa que nosotros conocemos principalmente y definitivamente a Dios en Sus *Palabras,* y por esto es que el proceso de *exégesis* es tan importante. Cuando se usa en relación con la Escritura, exégesis simplemente significa extraer y explicar el significado del autor en un pasaje particular. Un pastor o maestro que despliega y proclama un texto de la Biblia está practicando exégesis.

En este libro mi deseo es acercarme a la Biblia con la mentalidad de un pastor, excepto que, en lugar de hacer exégesis palabra por palabra, estaré haciendo la exégesis de palabra con una imagen. Sin embargo, esto no significa que la imagen reemplaza la palabra. Hasta que Cristo regrese, *la palabra* será siempre el medio central de la proclamación del evangelio. Desde luego no quiero que este libro lleve fuera de la Escritura. Más bien, mi deseo es que, viendo como hice exégesis mediante una imagen, tú seas llevado de vuelta a la palabra para que cada ilustración finalmente ayude a clarificar, endulzar, y profundizar tu entendimiento de la Escritura.

Por último, unas palabras sobre las representaciones visuales de Jesús. Puedes leer mi argumentación para la legitimidad de esta práctica en el apéndice de este libro. No obstante, en este punto, basta con decir que las imágenes de este libro son sólo *ilustrativas y didácticas.* No son un intento de representar a Jesús como realmente se veía en la tierra, ni tampoco de describirlo tal como Él es ahora en gloria. Más bien, están destinadas a ser señalizaciones visuales. No son objetos de adoración, sino ilustraciones que nos enseñan sobre el único a quien debemos adorar: el Dios Trino - Padre, Hijo y Espíritu Santo.

Mientras comiences a explorar este libro, mi oración es que el Señor lo pueda usar para llevarte a profundizar en el amor por Su palabra y una comprensión más completa de Su belleza, hecha manifiesta a nosotros en Jesucristo, crucificado y resucitado, y que - al ver su gloria – seas transformado en la misma imagen, 2 Corintios 3:18.

Esperando a Emanuel

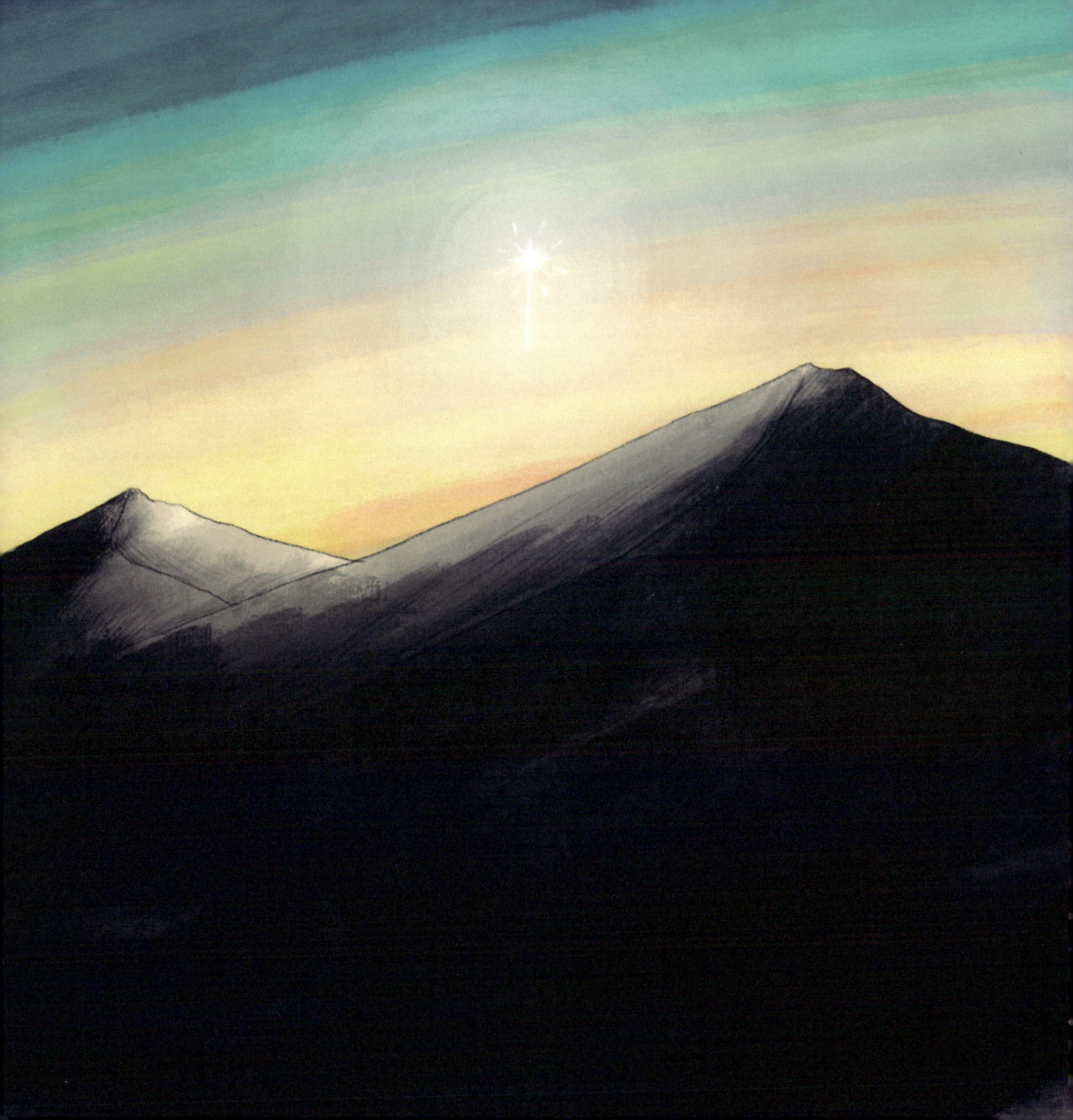

> *Cuando veo tus cielos, obra de tus dedos,*
> *La luna y las estrellas que tú formaste,*
> *Digo: ¿Qué es el hombre, para que tengas de él memoria,*
> *Y el hijo del hombre, para que lo visites?*
>
> *Salmos 8:3-4 (RVR60)*

Salmos 8:3-4 es parte de una meditación más amplia sobre la gloria exaltada de Yahweh y Su amorosa atención hacia la humanidad. ¿Cómo es que el Dios Creador se preocupa por los seres humanos y los ha honrado coronándolos con gloria y honor, como regentes de la creación?

Aunque David se gloría en el honor que el Señor ha otorgado a la raza humana, en última instancia, el cuidado condescendiente de Yahweh por la humanidad revela la majestad de Su nombre lleno de gracia, más no el valor de la humanidad (Salmo 8:1,9).

Pero hay más belleza en este pasaje y, es lo que he intentado resaltar en esta ilustración. En Hebreos 2:5-9, el autor de Hebreos entiende Salmos 8:4-5 como una alusión a Jesucristo. Es en el Hijo de Dios encarnado que Yahweh muestra el alcance completo de su condescendiente cuidado y el nombre majestuoso del que leemos en Salmos 8. Lo asombroso que nos revela Hebreos 2:5-9 es que, el majestuoso YHWH de Salmos 8:1 y 9 *se hace* el humilde hijo del hombre de Salmos 8:4. Y este evento es la expresión suprema de Su cuidado por la humanidad… ¡el mismo cuidado que inspiró este Salmo en primera instancia!

Y, finalmente, como nos enseña Hebreos 2:9, el amor condescendiente de Yahweh no se detiene en la encarnación del Hijo de Dios como hijo del hombre. Él va más allá, al absorber en la cruz la muerte en lugar de Su pueblo y, recibiendo por tanto la verdadera corona de gloria y honor (Salmos 8:5, Hebreos 2:9).

En esta imagen quise resaltar esa realidad: después de la cruz, la gloria de los cielos debería conmocionar nuestras almas como recordatorios visuales de que su Creador se *hizo* un humilde hijo de hombre y murió (por ello las heridas de los clavos) en nuestro lugar - como la expresión suprema de Su "Majestuoso Nombre" (Salmos 8:1,9).

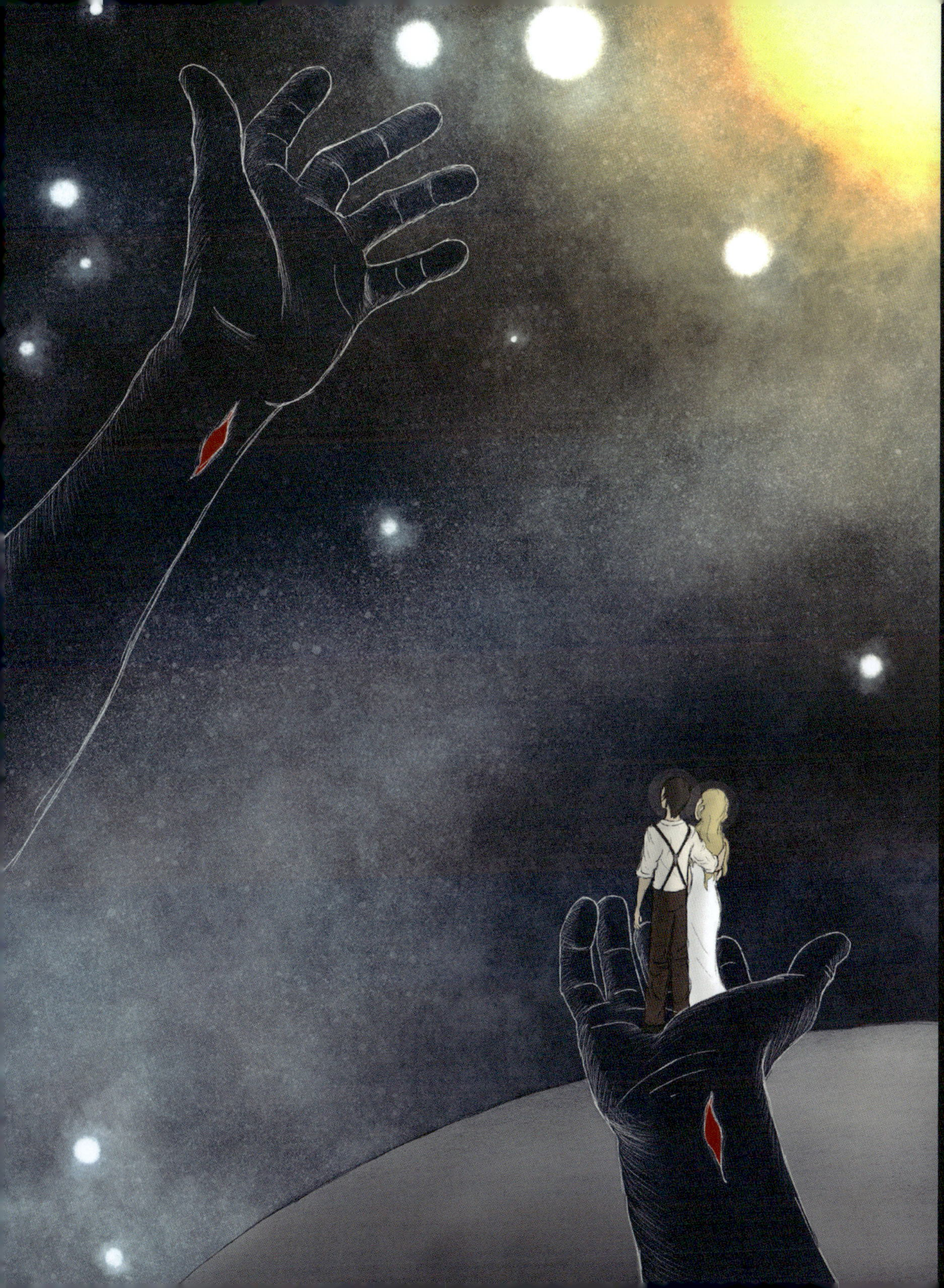

Y pondré enemistad entre ti y la mujer, y entre tu simiente y la simiente suya; ésta te herirá en la cabeza, y tú le herirás en el calcañar.

Génesis 3:15 (RVR60)

Este pasaje es lo que tradicionalmente se conoce como "Protoevangelium" o "primer evangelio". En él Dios maldice a la serpiente (Satanás) y promete que un día, una Simiente vendrá y le aplastará la cabeza y anulará los horrores de la Caída. Más nótese que, no solo la cabeza de Satanás será herida, sino que éste también herirá el pie de quien lo aplasta. Esa es nuestra primera visión de la cruz.

En la cruz, Jesucristo – la Simiente prometida – aplasta la cabeza de Satanás, es decir, Él triunfa sobre las obras y efectos de Satanás y asegura que, cualquier acción diabólica alguna vez realizada, encajará perfectamente en los propósitos del Dios Trino para exaltar Su Nombre. Y aun así, esto lo hace a través de la "herida" en su propio talón, es decir Su muerte.

¡La muerte de Jesús no es Su derrota, es Su Gloria y Su Victoria (Juan 13:31-32, Colosenses 2:13-15, Apocalipsis 5:5-10)! Al llevarse nuestros pecados y sufrir nuestro castigo; al morir en nuestro lugar y resucitar a una nueva vida, Jesús aplasta a Satanás al ser molido en la cruz.

En esta imagen, quise dejar bien claro el cumplimiento de la profecía de Génesis 3:15, a través de la cruz. Él mismo clavo que perfora los pies de Cristo fue, simbólicamente, la lanza que hirió la cabeza de Satanás. ¿Y cuán apropiado fue que Dios dispusiera que los pies de Jesús fuesen perforados durante la crucifixión? En verdad, fue mediante el quebrantamiento de su propio talón bajo el rechazo de los hombres y la ira divina que Él derrotó a Satanás… Jesús traspasó a la "Serpiente Antigua" al ser traspasado – y resucitar.

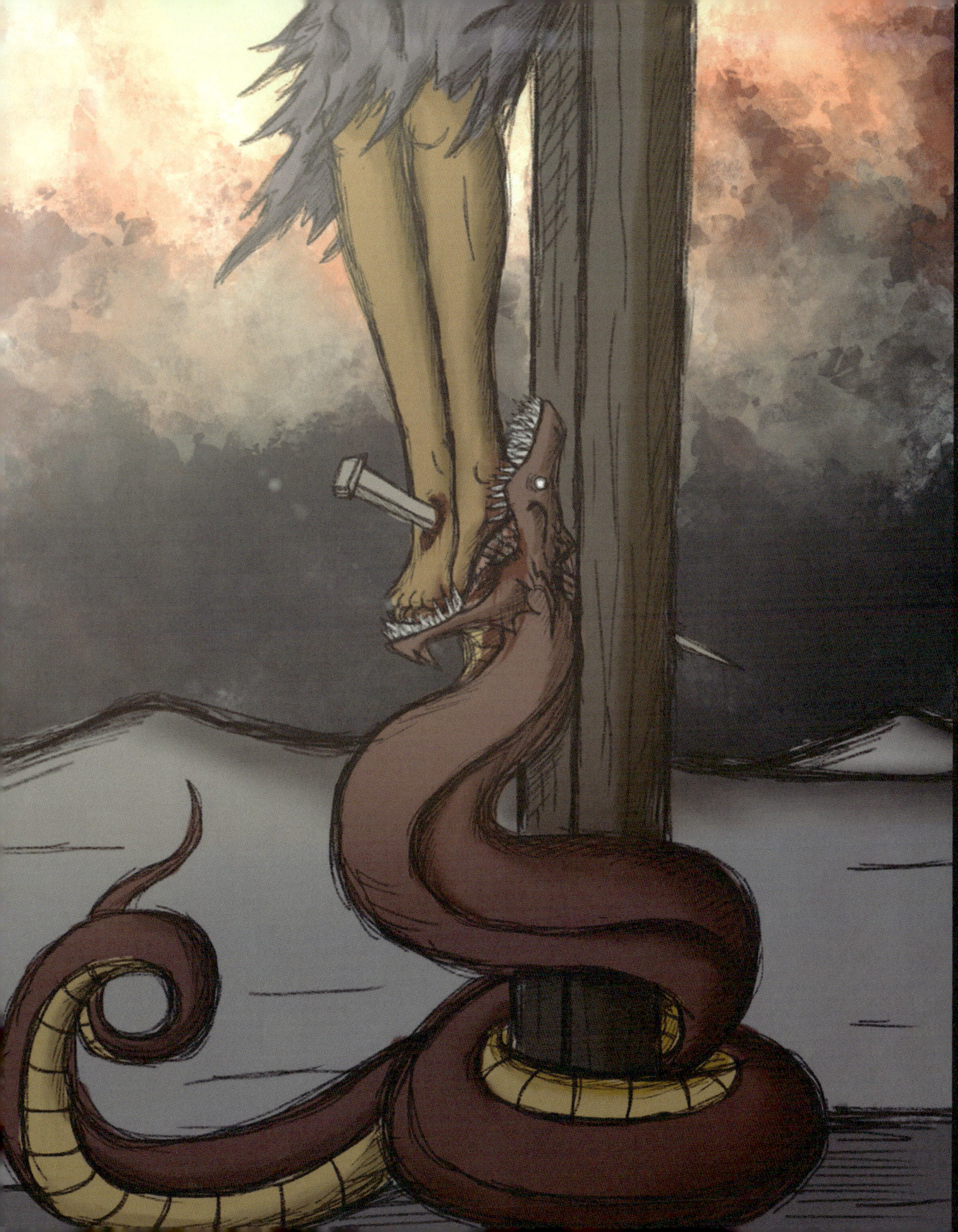

Aconteció que después de muchos días murió el rey de Egipto, y los hijos de Israel gemían a causa de la servidumbre, y clamaron; y subió a Dios el clamor de ellos con motivo de su servidumbre.

Y oyó Dios el gemido de ellos, y se acordó de su pacto con Abraham, Isaac y Jacob. Y miró Dios a los hijos de Israel, y los reconoció Dios.

Éxodo 2:23-25 (RVR60)

Él concepto central de esta ilustración vino de la frase "y los reconoció Dios". La palabra hebrea para "reconocer", "ידע", puede significar, "conocer por experiencia". Ahora bien, es peligroso buscar la definición de una palabra y escoger una que queramos usar, especialmente cuando no es coherente en el contexto. Por ejemplo, en el contexto de Éxodo 2:23-25, Moisés, ciertamente, no pretendió decir que Yahweh conoció por experiencia el sufrimiento de Israel, más bien, el punto de Moisés fue que el Señor conocía lo que estaba pasando, que estaba consciente de aquello.

No obstante, desde nuestro punto de vista privilegiado post-Calvario, podemos decir con fundamentos bíblicos que, de hecho, Dios conoce por experiencia los sufrimientos de Su pueblo (Isaías 53:4, Hebreos 2:17, 4:15). En la persona de Dios el Hijo, el mismo Yahweh conoce íntimamente y de manera experiencial, los gemidos, dolores y aflicciones – y en última instancia, la maldición – de Su pueblo. Ese es un pensamiento abrumador.

Y dado que Dios no cambia, podemos volver a mirar este pasaje y decir – con autoridad bíblica – que cuando dice "y los reconoció Dios", hay una relación entre esa palabra y la verdad de que Dios, conoció de manera experiencial los sufrimientos de su pueblo en la esclavitud… Y conoció esto mediante la encarnación, sufrimientos y muerte de Su Hijo. Debido a la encarnación, debido a la Cruz, nunca experimentaremos algo que Dios mismo no conozca por experiencia - incluso los fuegos del infierno, alimentados por la ira.

Por ello, en esta ilustración, quise mostrar que el Dios del Éxodo, el Dios del Mar Rojo, Él Dios del Sinaí, es el mismo que vino y conoció nuestra congoja, pena, sufrimientos y la maldición en el madero.

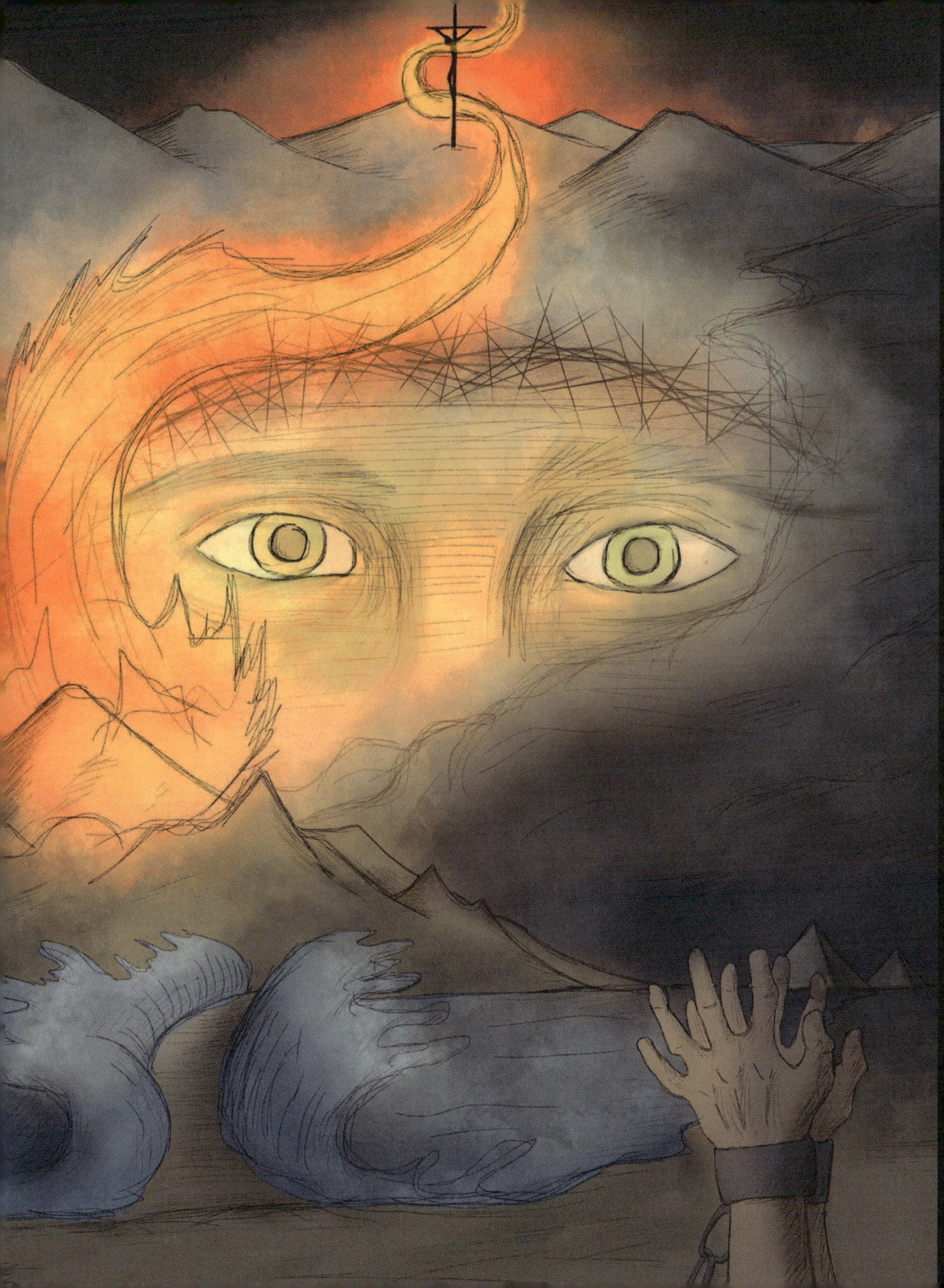

> *Y pasando Jehová por delante de él, proclamó: ¡Jehová! ¡Jehová! fuerte, misericordioso y piadoso; tardo para la ira, y grande en misericordia y verdad;*
>
> *que guarda misericordia a millares, que perdona la iniquidad, la rebelión y el pecado, y que de ningún modo tendrá por inocente al malvado; que visita la iniquidad de los padres sobre los hijos y sobre los hijos de los hijos, hasta la tercera y cuarta generación.*
>
> *Éxodo 34:6-7 (RVR60)*

Esta narración de la auto-revelación de Yahweh a Moisés en el monte Sinaí es paradigmática para toda la Biblia y es una de las exposiciones más claras de la identidad de Dios en la Escritura. En Éxodo 33:18, Moisés pidió ver la gloria de Dios, y Dios responde proclamando Su Nombre. En este contexto, "Nombre" significa mucho más que el recurso verbal por el cual nos referimos a una persona, más bien es como la encapsulación y la exposición del carácter de alguien. Cuando Dios proclama Su Nombre en Éxodo 34: 6-7, Él está diciéndole a Moisés - y a nosotros - quien es Él.

Con esta ilustración quise representar visualmente la realidad sobrecogedora que Juan nos enseña en su Evangelio, esto es, que el Dios que se reveló en el fuego y el humo en el Sinaí es el mismo que viene a nosotros en la carne y la sangre de Jesucristo. Jesús es la auto-revelación de Dios hecho carne (Juan 1:14); en Él, el mismo nombre proclamado en el Sinaí se prolonga en el medio creado de la naturaleza humana, para que podamos ver, oír y tocar a Dios.

Pero hay más belleza aún: ¡Juan nos enseña que la gran obra de Jesucristo (exegética de Dios y reveladora de Su Nombre), llega a su cenit de perfección con Su muerte en la cruz (Juan 8:28, 17: 1,5, 26)! Es por ello que esta imagen yuxtapone, específicamente, la cruz de Cristo con la teofanía del Sinaí. En ambos eventos, Yahweh mismo se comunica a Sí mismo a nosotros... Y lo hace de forma más perfecta en la cruz. La cruz es Dios Todopoderoso proclamando su Nombre – el mismo declarado en el Sinaí – no mediante palabras proclamadas desde fuego y humo, sino a través de acero y madera, sudor y lágrimas, sangre y carne. A través de una Vida Humana, a través del lenguaje de HIJO, ¡Yahweh se proclama a Sí mismo supremamente en la Cruz!

Lo que Dios susurra en el Sinaí, lo grita desde el Gólgota.

"YHWH, YHWH,
A GOD MERCIFUL AND GRACIOUS,
SLOW TO ANGER AND ABOUNDING IN
STEADFAST LOVE AND FAITHFULNESS..."

Porque la vida de la carne en la sangre está, y yo os la he dado para hacer expiación sobre el altar por vuestras almas; y la misma sangre hará expiación de la persona.

Levítico 17:11 (RVR60)

En el hebreo este texto dice literalmente: "... Yo, Yo la he dado sobre el altar..." Yahweh hace énfasis en que Él es quien ha dado la sangre en el altar, para la expiación de su pueblo. Leído a la luz de la encarnación y muerte de Dios el Hijo (quien es Yahweh mismo), este verso se torna asombroso por sus implicaciones y belleza.

Por supuesto, en el contexto este verso se refiere, solamente, a la sangre del sacrificio de los animales, Dios ha concedido a su pueblo el uso de sangre animal en los servicios sacrificiales del Antiguo Pacto. Sin embargo, no puedo imaginar que Dios - que había ordenado de antemano la muerte del Hijo desde antes del principio (Apocalipsis 13: 8) - no tuviese en mente el derramamiento de Su propia vida. Seguramente el sonido de los martillos romanos, las multitudes burlándose y la recitación agónica del Salmo 22, retumbaron en el corazón Trino mientras Él decía estas palabras a Moisés. Con certeza, cada vez que se sacrificaba un cordero, ante Sus ojos estaba la seguridad de la ira absorbida y la vida derramada del Hijo. E indudablemente, cada gota de sangre que Yahweh "dio" en el altar mosaico, prefiguraba la sangre que Él daría por medio de Cristo en el Verdadero Altar del Calvario, para la expiación definitiva de su pueblo.

Por ello, en esta imagen, Jesucristo (Dios el Hijo, Yahweh encarnado) es representado como un cordero, ya que los corderos eran animales sacrificiales comunes, y también son destacados en algunos de los sacrificios sustitutivos claves del Antiguo Testamento (Génesis 22:7-8, Éxodo 12:6-7, 13). Él está de pie en el altar en lugar de la cruz (aunque la cruz es, de hecho, una especie de altar), para enfatizar el vínculo entre el sistema de sacrificios y la muerte de Cristo. Añadí la cruz en el fondo para fortalecer aún más esa conexión. La ira de Dios – como ocurre a menudo en las Escrituras – es representada como fuego y, el cordero lleva el "halo cruciforme" como una señal de la divinidad, muerte y resurrección del Hijo.

The life of the flesh
is in the blood,
and I have given it for you on the altar
to make atonement for your souls...

- Leviticus 17:11

…vi yo al Señor sentado sobre un trono alto y sublime, y sus faldas llenaban el templo. Por encima de él había serafines; cada uno tenía seis alas; con dos cubrían sus rostros, con dos cubrían sus pies, y con dos volaban. Y el uno al otro daba voces, diciendo:

Santo, santo, santo, Jehová de los ejércitos; toda la tierra está llena de su gloria.

…Y voló hacia mí uno de los serafines, teniendo en su mano un carbón encendido, tomado del altar con unas tenazas; y tocando con él sobre mi boca, dijo: He aquí que esto tocó tus labios, y es quitada tu culpa, y limpio tu pecado.

Isaías 6:1-7 (RVR60)

Al llegar a esta ilustración, supe que quería forjar visualmente el vínculo entre el exaltado Yahweh de Isaías 6 y el Siervo Sufriente de Isaías 52-53 (de quien también se nos dice que es "engrandecido y exaltado", Isaías 52:13). Esta es una conexión crucial y hermosa a realizar, y es algo que Juan nos enseña a hacer en su evangelio cuando dice que las figuras del Señor exaltado y el siervo sufriente son una misma: Jesucristo (Juan 12: 37- 41). Para Juan, Yahweh del capítulo 6 y el Sufriente del capítulo 53 se unen en una persona: Jesucristo, el Dios-hombre.

En este pasaje, la culpabilidad de Isaías es "quitada" por un carbón extraído del altar. Notarás que en la ilustración hay una sombra de Cristo en la cruz, en el aura del carbón. Esto representa el hecho de que, Isaías sólo puede ser perdonado debido a que el Señor en el trono llevará el fuego del juicio de Su pueblo, como el Siervo en la cruz (Isaías 53). Intenté solidificar esta conexión, mostrando los fuegos del carbón subiendo hasta el trono y dentro de las heridas en las manos del Señor. El Santo, Santo, Santo Jehová de los ejércitos – Aquel que humilla al serafín con su belleza y aterroriza a Isaías con Su gloria – quitará, Él mismo, la culpa de Su pueblo y limpiará sus pecados. Lo hará tomando carne y sangre y llevando el merecido castigo del pueblo en Su propio cuerpo, cuando sea elevado y levantado en la cruz. Realmente NO HAY DIOS, como Yahweh!

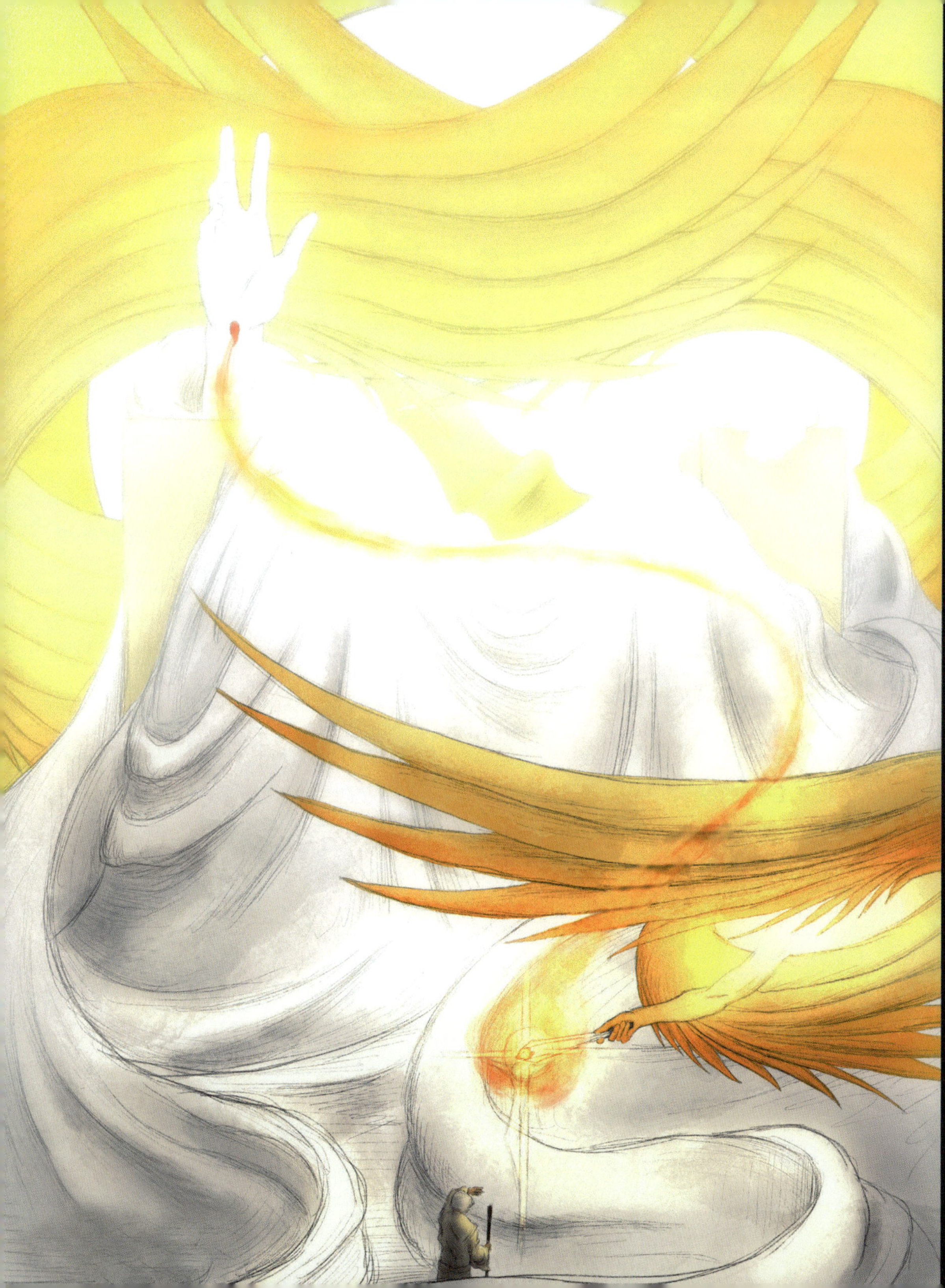

pero los que esperan a Jehová tendrán nuevas fuerzas; levantarán alas como las águilas; correrán, y no se cansarán; caminarán, y no se fatigarán.

Isaías 40:31 (RVR60)

Con esta ilustración quise enfatizar, especialmente, la diferencia entre confiar en Yahweh y confiar en sí mismo o en la "carne", o en cualquier otra forma de apoyo. En Isaías 40, el tema recurrente es que sólo el Señor es la fuente de la esperanza, la fuerza y salvación para Su pueblo. Los que confían en sus propia fuerza serán avergonzados finalmente, más los que confían en Yahweh– aunque sean débiles – serán sostenidos.

En esta imagen, los esfuerzos de la carne están ilustrados como manos que agarran, enojadas y desesperadas y los que confían en ellas están condenados al fracaso (representando los gobernantes que confían en sí mismos o en ídolos, Isaías 40: 18-20, 23-24). Por el contrario, la mujer es representada como confiando/esperando en Yahweh, y siendo levantada en Él. Yahweh está representado por la mano de Cristo, ya que Él mismo se ha mostrado a nosotros supremamente en Cristo y culminantemente en la cruz.

La herida en la mano de Cristo está en el centro de esta mujer, porque solo a través de la obra de Jesús en la cruz es que podemos esperar en el Señor y aguardarlo con confianza. Además, los brazos de la mujer están extendidos, como una forma de hacer eco del versículo 31 ("levantarán alas como las águilas"), y primordialmente como una representación de la enseñanza bíblica de que, uniéndonos a Cristo en su crucifixión (y resurrección) es que tenemos vida en Él (Gálatas 2:20, etc.). Vivir la vida dependiendo del constante amor del Señor, revelado a nosotros en Cristo crucificado y resucitado, por fuerza nos transformará a la imagen de este constante amor. Nuestras vidas en Cristo deben de ser "cruciformes", es decir, marcadas por la amorosa entrega de nuestro ser, para la gloria de nuestro Dios. Y esta entrega – a la manera de Cristo - no dará como resultado el agotamiento definitivo del santo porque " los que esperan a Jehová tendrán nuevas fuerzas..."

ISAIAH 40:31

Porque yo sé los pensamientos que tengo acerca de vosotros, dice Jehová,
pensamientos de paz, y no de mal, para daros el fin que esperáis

Jeremías 29:11 (RVR60)

En el contexto, Jeremías 29:11 está hablando del inminente exilio de Judá hacia Babilonia. Yahweh enviará a su pueblo al exilio y, sin embargo, sabe los planes que tiene para ellos, Él finalmente traerá a sus fieles de vuelta a la tierra y ellos serán Su pueblo y Él será su Dios. Así pues, este versículo viene a nosotros en el contexto del exilio y el retorno. Lo que es interesante es que el exilio del pueblo de Dios se presenta como una *muerte*. Israel *morirá*, simbólica y metafóricamente, al ser exiliado, lo que significa que su retorno a la tierra (los "pensamientos de paz" que el Señor tiene para ellos), en última instancia, se representa como una resurrección.

Israel está a punto de "morir" (ir al exilio) y, no obstante, Dios tiene planes de prosperarlo nuevamente en su tierra, en otras palabras, "resucitarlos". Por ello, en esta ilustración usé la cruz para representar la muerte/exilio y la tumba abierta (al otro lado de océano de la "muerte") para simbolizar la resurrección/retorno. Utilicé la cruz y la tumba vacía, pues Jesús mismo es el "Israel" definitivo, quien experimenta el exilio definitivo en Su muerte sustitutiva en la cruz y, logra el retorno definitivo a la tierra a través de Su resurrección de entre los muertos.

Y puesto que Jesús es quien, culminantemente cumple la promesa de exilio y retorno de Jeremías, tanto los judíos como los gentiles que hayan confiado en Jesús como su Señor y Salvador pueden reclamar Jeremías 29:11 como una promesa permanente para sí mismos (2 Corintios 1:20). En Cristo, nuestro exilio (muerte/ira) es pasado y nuestro retorno (resurrección) es seguro… Así que no importa lo que venga para el seguidor de Cristo, pues por causa de Jesús podemos confiar siempre en que, definitivamente, los planes del Señor son para prosperarnos y darnos un futuro y una esperanza. Sí, esos planes dichosos pueden revelarse parcialmente durante esta vida, pero su florecimiento verdadero y absoluto vendrá en la resurrección

JEREMIAH 29:11

He aquí yo veo cuatro varones sueltos, que se pasean en medio del fuego sin sufrir ningún daño; y el aspecto del cuarto es semejante a hijo de los dioses.

Daniel 3:25 (RVR60)

Yo creo que la cuarta figura presente en el horno con estos hombres era, probablemente, una forma pre-encarnada de Dios el Hijo con su pueblo en medio del sufrimiento. Si ese es el caso, entonces la Cristofanía de Daniel 3 encarna gráficamente la promesa poética de Isaías 43:2, la cual asegura al pueblo de Dios que Él estará con ellos cuando ellos "pasen por el fuego". Más que eso, la presencia de Dios el Hijo en las llamas con estos tres hombres, también nos apunta hacia adelante al momento de la más profunda y plena identificación de Dios con los sufrimientos de sus santos: La cruz de Jesucristo.

Con esto en mente. Quise hacer la conexión visual entre este evento y el verdadero descenso de Dios en el horno de la aflicción, que empieza con la encarnación y llega a su clímax en la cruz. Las eternas heridas de Cristo son –y siempre serán- una declaración de que Yahweh está con su pueblo en su dificultad, lo cual es la razón por la que las incluí en esta ilustración. También añadí un halo cruciforme como una manera de hacer eco de la cruz. En Cristo, nuestro Señor y Dios entra al horno con nosotros para que nosotros podamos entrar al cuarto del trono con Él. Él es el Pastor quien nos guía adentro y quien camina con nosotros a través del Valle de Sombra de Muerte.

También, la forma en que Cristo forma un círculo alrededor de estos hombres es un intento por mostrar la comunión secreta que Su pueblo tiene con Él, en medio del sufrimiento. Para aclarar, no intento menospreciar el rol del pueblo de Dios durante nuestro sufrimiento – ¡necesitamos a nuestros hermanos y hermanas en Cristo durante nuestras pruebas! - pero Dios da a su pueblo una intimidad individual y especial, en el lugar secreto de su sufrimiento, y yo quise, de algún modo, ilustrar esto.

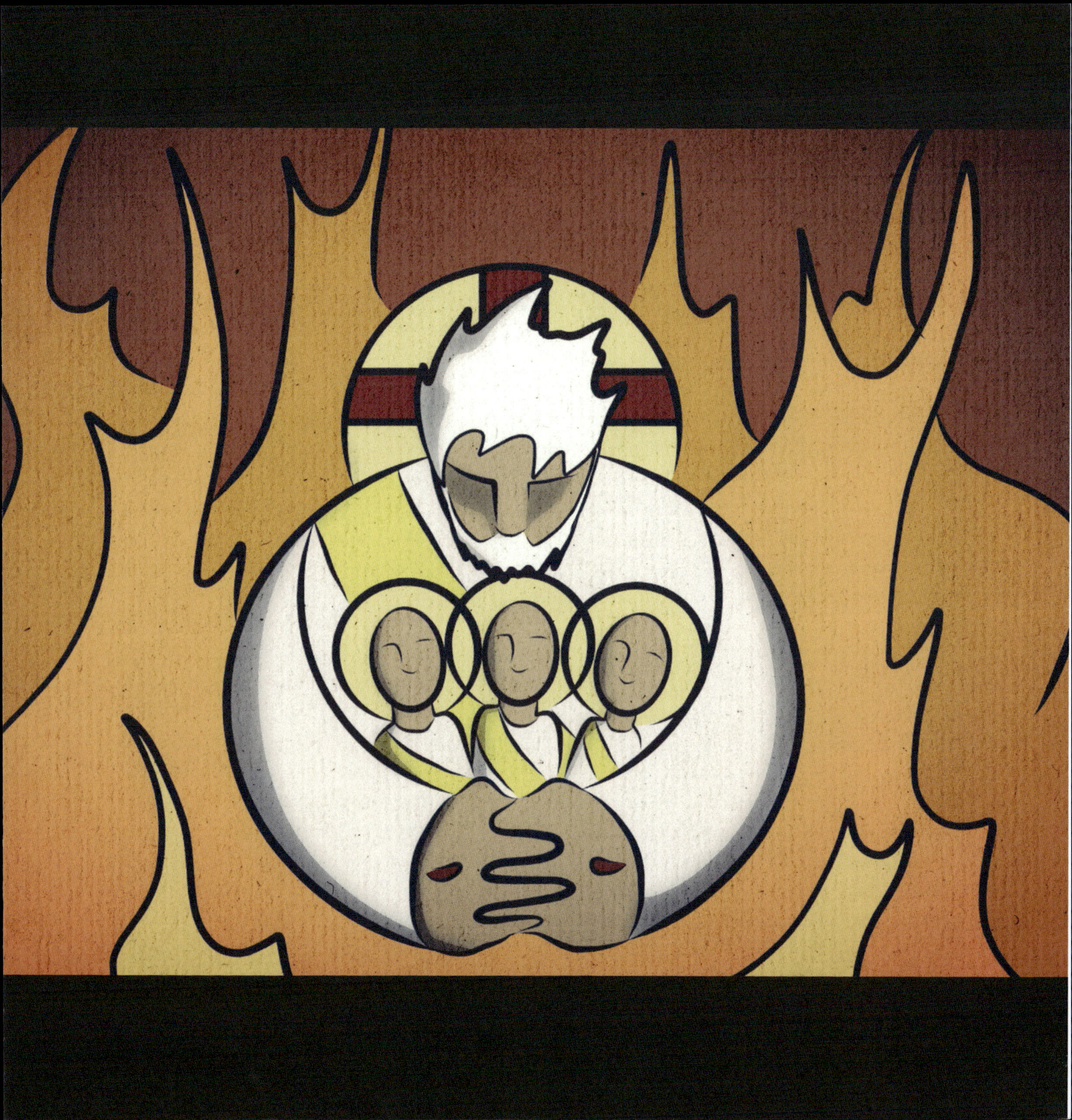

Me mostró al sumo sacerdote Josué, el cual estaba delante del ángel de Jehová, y Satanás estaba a su mano derecha para acusarle. Y habló el ángel, y mandó a los que estaban delante de él, diciendo: Quitadle esas vestiduras viles. Y a él le dijo: Mira que he quitado de ti tu pecado, y te he hecho vestir de ropas de gala.

Zacarías 3:1-5 (RVR60)

En este pasaje vemos a Josué, el sumo sacerdote, con vestiduras viles delante del ángel de Yahweh (quien es/representa a Yahweh mismo y es, según creo, Dios el Hijo). Se supone que el sumo sacerdote era el santo representante del pueblo, así que si él estaba inmundo a los ojos de Dios, esto no anunciaba nada bueno para el resto de Israel. Y por supuesto, Satanás está allí para hacer una acusación supuestamente irrefutable contra el sacerdote. Josué es vil y todos lo pueden ver, el ángel de Yahweh es santo – un fuego consumidor. Parecería no haber esperanza.

Pero entonces, vemos al ángel de Yahweh despojar a Josué de las vestiduras viles y vestirlo con ropas puras (de gala). ¡Este es un maravilloso presagio de Cristo! Jesucristo, el ángel de Yahweh en medio de nosotros, será el que remueva las ropas de nuestro pecado y quien nos cubrirá con las vestiduras de Su justicia, y lo hará todo "en un solo día" (Zacarías 3:9) en la cruz.

Por tanto, en esta ilustración tú puedes ver al ángel de Yahweh con su mano en el hombro de Josué, tras haber silenciado al acusador y haber vestido al sacerdote con ropas puras. Sin embargo, también quise mostrar lo que ese acto le "costaría" a Yahweh, lo que Él haría para dar lugar a aquello; es decir, la muerte (y resurrección) de Cristo. Mientras Dios el Hijo purifica a Josué, está actuando en los méritos de su propia muerte y resurrección. Añadí las vestiduras viles a la cruz para indicar que el acta de nuestras iniquidades (y, de hecho, nuestras iniquidades mismas) fue quitada de en medio y clavada en la cruz en la muerte de Cristo (Colosenses 2:14). El halo alrededor de la cabeza del ángel de Yahweh es cruciforme para dar señalar su deidad y apuntar a la cruz. Y finalmente la serpiente/acusador yace enmudecida bajo el calcañar del Cristo pre-encarnado, debido a que su silenciamiento en el cielo ante Josué, prefiguró el silenciamiento final que Cristo le impondría, al aplastar su cabeza en la cruz.

ZECHARIAH 3:1-5

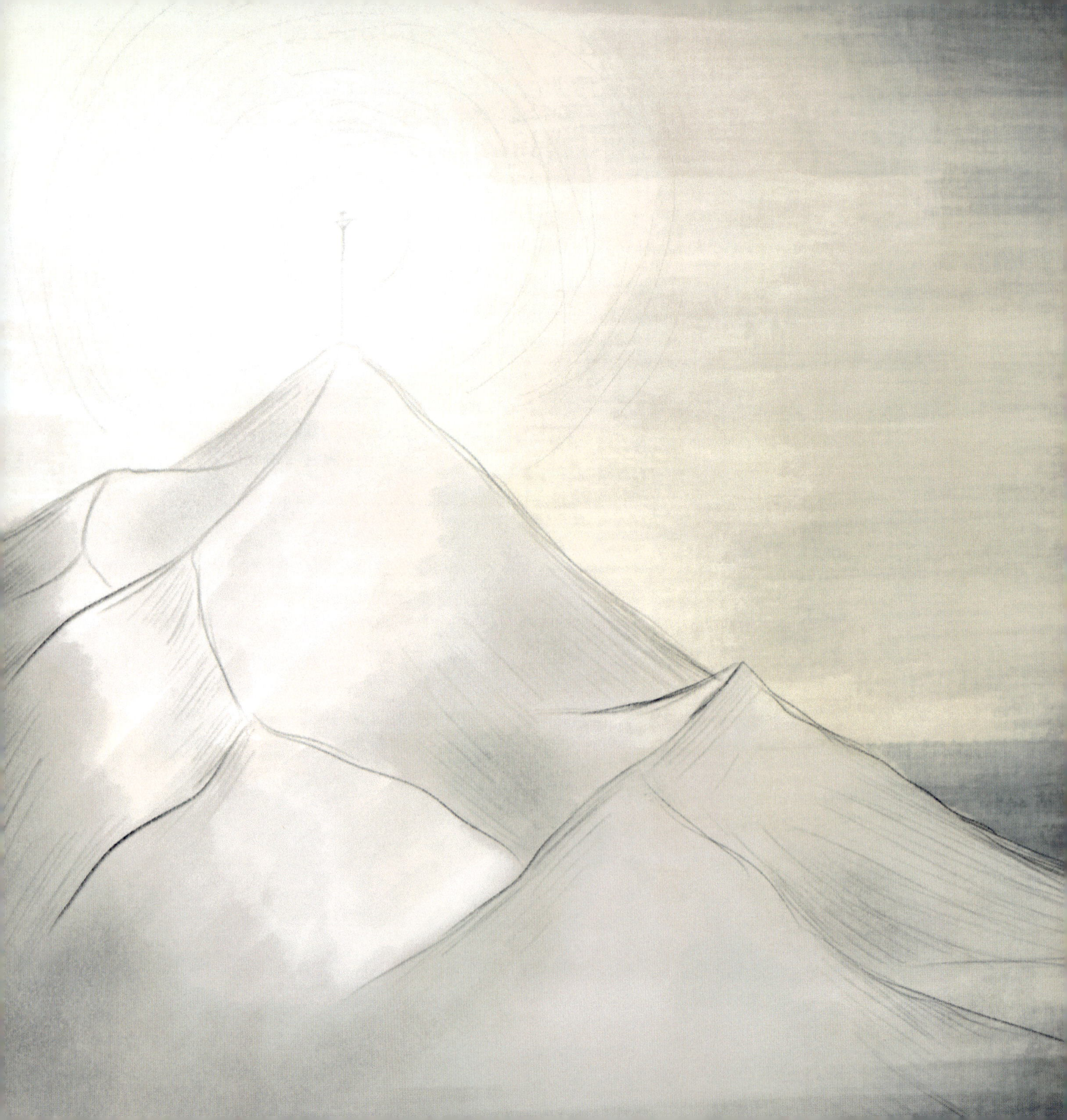

Ved Aquí al Dios Vuestro

Y dará a luz un hijo, y llamarás su nombre JESÚS,
Porque él salvará a su pueblo de sus pecados.

Mateo 1:21 (RVR60)

Finalmente ha llegado el anunciado y prefigurado a lo largo del Antiguo Testamento. El que creó los cielos, El que va a aplastar la cabeza de la serpiente, El que salvó a su pueblo de Egipto y lo llevó a la montaña de la revelación, Aquel a quien apuntaba el sistema de sacrificios, El que Isaías vio alto y sublime, El que traería de vuelta a su pueblo de la muerte de su exilio, El que se quedó con su pueblo en el fuego, y el prefigurado en la limpieza de Josué en el cielo ...Emmanuel, Dios con nosotros, ha llegado.

Ya que la encarnación de Cristo es el amanecer de la luz de la gloria de Dios en la oscuridad de la larga noche del pecado (Isaías 9: 2), quise darle a esta ilustración, la sensación de una fría mañana de invierno justo antes del amanecer. La mano de Cristo infante es el foco de la luz del alba, puesto que la gloria de Dios se manifiesta definitivamente en Él.

La "estrella" en el centro del cielo apunta a la cruz, y teniendo la forma de una estrella doble como la cruz – cumple varias funciones. Primero, alude a la profecía de Números 24:17, que prevé a Cristo como la "estrella" que surgirá de Israel como rey y destructor de la serpiente (que Cristo demuestra ser a través de su crucifixión y resurrección). En segundo lugar, es mi forma de hacer eco de la estrella que atrajo a los reyes gentiles a buscar a Jesús en su nacimiento (lo cual creo que también se alude en Isaías 60:3). Y en tercer lugar – puesto que está saliendo con el amanecer por encima del sol - apunta al hecho de que Cristo es "la Estrella de la Mañana", que anuncia la llegada del Día verdadero y final (Apocalipsis 22:16).

HE WILL SAVE HIS PEOPLE FROM THEIR SINS.

— Matthew 1:21 —

Y aquel Verbo fue hecho carne, y habitó entre nosotros (y vimos su gloria, gloria como del unigénito del Padre), lleno de gracia y de verdad.

Juan 1:14 (RVR60)

El prólogo de Juan nos enseña que Jesucristo es la "Palabra" (Verbo) definitiva y auto-reveladora de Dios. En revelación pasada Dios habló a través de los profetas, pero con la encarnación, Él habla a su pueblo en el idioma de "Hijo" (Hebreos 1: 1-2). En Cristo, Dios mismo nos habla por intermedio de la naturaleza humana, habitando entre nosotros en una tienda de carne y sangre. Y mientras la totalidad de la vida terrenal de Jesús revela la identidad de Yahweh, el clímax de la proclamación de su nombre viene mediante su muerte impulsada por amor en la cruz (Juan 17:1-2,26).

La cruz no fue el trágico final a una vida de amor, más bien era el objetivo y el clímax de la obra de Cristo, reveladora de Dios (Juan 12:27). Juan nos enseña a entender la cruz como un evento comunicativo. Sí, la muerte y la resurrección de Jesús quitan nuestros pecados y absorben la ira de Dios y nos otorgan nueva vida en Él, pero ¿por qué se nos da esta nueva vida? ¿Por qué somos salvados? Somos salvos para conocer a Dios, quien es la vida eterna (Juan 17:3), y la cruz es donde Él se da a conocer, más clara, vívida y completamente. Somos salvos con el fin de conocer a Dios, y el acto que hace posible nuestra salvación es también el que más perfectamente nos hace conocerlo.

Con estas cosas en mente, quise que esta ilustración capturara la naturaleza reveladora de la crucifixión de Cristo. Al añadir las comillas a la silueta de la cruz estoy tratando de mostrar que esto, que Cristo crucificado y resucitado es la palabra final de Dios acerca de Sí mismo.

Yahweh se ha comunicado a Sí mismo a nosotros, Él ha hablado su Nombre en voz alta a la creación, y si tuviéramos que "citarlo" en ella, se vería así. Si queremos conocer a Dios, escuchemos la Palabra que se hizo carne y anunció Su Nombre desde el Gólgota.

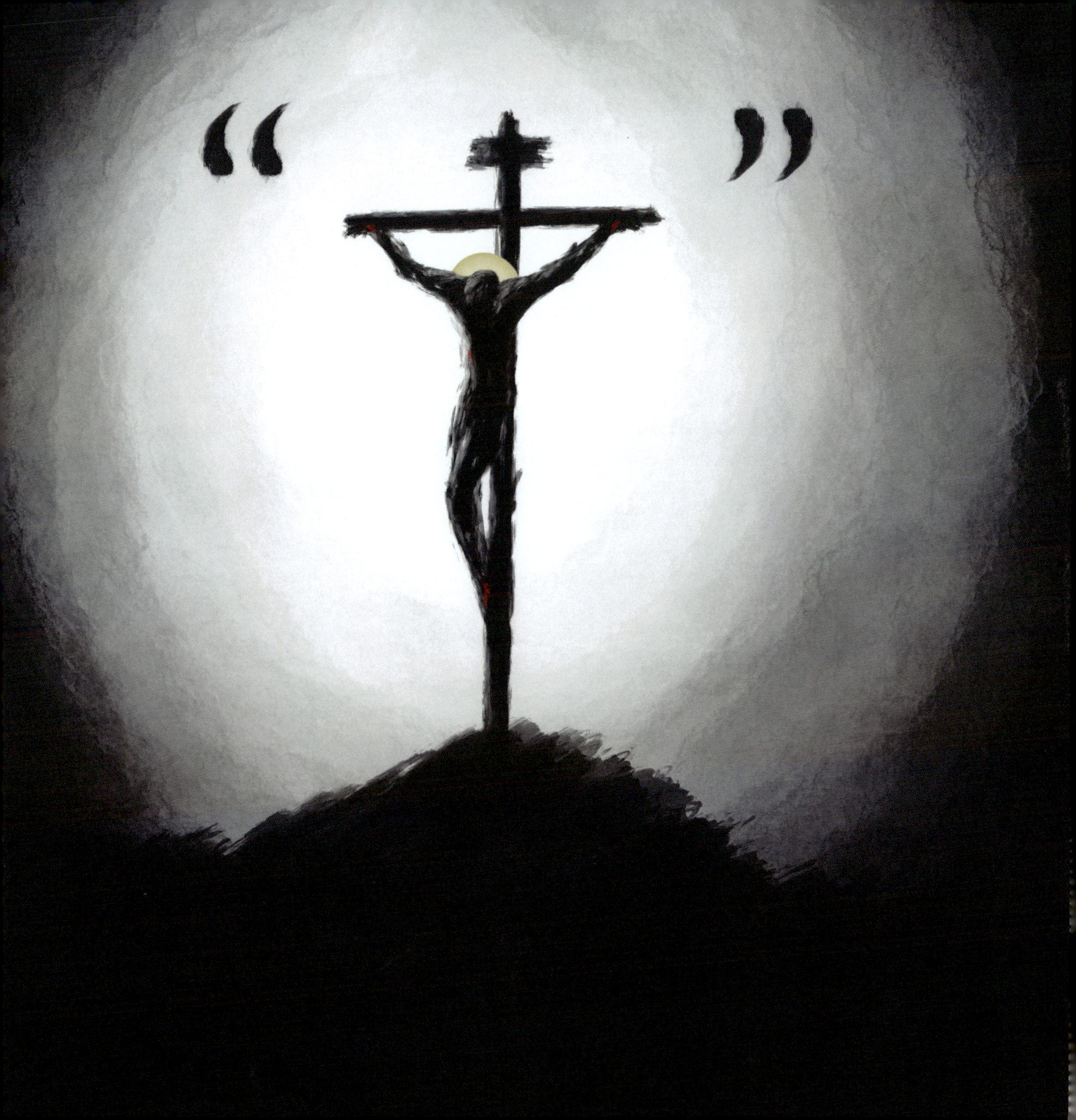

quien llevó él mismo nuestros pecados en su cuerpo sobre el madero, para que nosotros, estando muertos a los pecados, vivamos a la justicia; y por cuya herida fuisteis sanados.

1 Pedro 2:24 (RVR60)

Como ya dije en la página anterior, la cruz de Cristo es un evento comunicativo. Es Dios declarándose a Sí mismo a nosotros. Sin embargo, si lo único que Dios hizo fue declarar su belleza a los hombres pecadores, sin cambiar sus corazones, sería como derramar precioso aceite sobre una estatua de piedra. Aparte de la remoción de nuestros pecados y la regeneración de nuestro ser interior, la auto-comunicación de Dios solo nos condenaría más. Alabado sea Dios que Él, no sólo nos declara su gloria todo satisfactoria en Cristo, ¡sino que también nos regenera para ver y saborear esa gloria! Este texto de 1 Pedro muestra que uno de los logros de Cristo en la cruz, es que allanó el camino para que nosotros seamos despertados a la belleza de Dios en Él.

La oscuridad en las venas de Cristo es un intento por comunicar la intimidad con la cual llevó nuestros pecados ("en su propio cuerpo," dice Pedro). Observe también que la oscuridad termina y la luz comienza en la cruz. Esto es porque fue en el "madero" que Cristo llevó nuestro pecado y castigo, y donde compró nuestra justicia lavada en sangre, para todos aquellos que pondrán sus fe en Él. Por sus heridas hemos sido sanados. Es solamente un corazón así perdonado, el que realmente puede conocer a Dios (Jeremías 31:34)

Mi esperanza con esta imagen es que ayude a comunicar la pasmosa realidad de que el Santo - cuyos ojos son demasiado limpios como para mirar el pecado (Habacuc 1:13) - llevó nuestros pecados en su cuerpo sobre el madero, para que nosotros pudiéramos conocerlo y amarlo como nuestra vida.

PETER 2:24

En el año que murió el rey Uzías vi yo al Señor sentado sobre un trono alto y sublime... Por encima de él había serafines... Y el uno al otro daba voces, diciendo: Santo, santo, santo, Jehová de los ejércitos; toda la tierra está llena de su gloria.
Isaías 6: 1-3 (RVR60)

He aquí que mi siervo será prosperado, será engrandecido y exaltado, y será puesto muy en alto. Como se asombraron de ti muchos, de tal manera fue desfigurado de los hombres su parecer, y su hermosura más que la de los hijos de los hombres, así asombrará él a muchas naciones
Isaías 52: 13-15 (RVR60)

Esta ilustración es una especie de "punto de vista inverso " de la ilustración de Isaías 6: 1-7 de la página 12. El objetivo aquí era meditar visualmente, una vez más, en la gloriosa realidad revelada a nosotros claramente en el Evangelio de Juan, es decir, que la imagen de Isaías del Señor exaltado y el Siervo sufriente, encuentran clímax en una persona: Jesucristo. Y en un solo suceso: la crucifixión.

Es en la cruz que Cristo es "alto y sublime " (Juan 3:14), tanto en vergüenza como en gloria. Vergüenza, porque es expuesto y asesinado como un criminal, más en gloria porque - en Su muerte - Él revela al "YO SOY " (Juan 8:28), Él da a conocer la identidad de Dios como el soberano dador de sí mismo, quien mantiene constante amor por su pueblo, perdona sus pecados, y sin embargo, de ninguna manera tiene por inocente al malvado (Éxodo 34: 6-7).

Traté de mostrar este punto combinando visualmente el Señor de Isaías 6 con el Siervo de Isaías 53. Tú puedes observar esto, ya que los serafines que rodean el trono de Yahweh en el capítulo 6, están colocados alrededor de la cruz del Siervo Sufriente. Mi oración con esta ilustración (y todo lo que hago a través de Full of Eyes), es que nos sean dados ojos para ver la gloria de Dios resplandeciendo en el cielo oscuro sobre el Gólgota; que por la fe podamos ver la belleza del Señor, dador de sí mismo, en la cara desfigurada de Cristo crucificado. Y que - retumbando bajo las mofas y burlas gritadas en el Calvario - podamos escuchar las voces seráficas asombradas llamándose unas a otras alrededor de la cruz, " ¡Santo, Santo, Santo, es Yahweh de los ejércitos! ¡Toda la tierra está llena de Su gloria!"

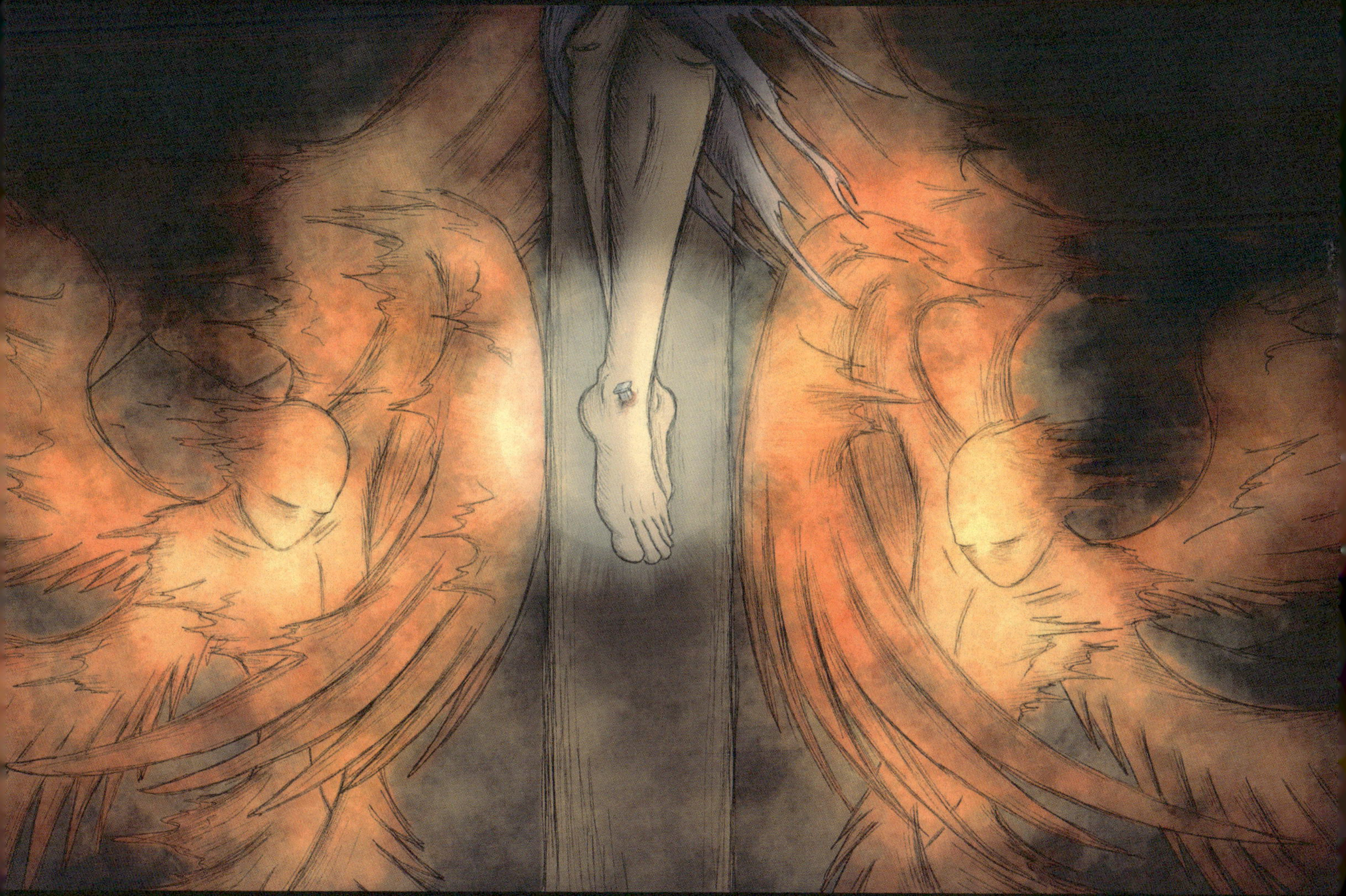

Mi pecado te declaré, y no encubrí mi iniquidad.
Dije: Confesaré mis transgresiones a Jehová;
Y tú perdonaste la maldad de mi pecado.

Salmo 32: 5 (RVR60)

Esta ilustración intenta mostrar el "ciclo de arrepentimiento" por el que David pasó en el Salmo 32. En el versículo 3 y 4, David se lamenta de cómo sus pecados, sin arrepentimiento, lo están consumiendo desde dentro, algo que intente representar en la agonía de la mujer a la izquierda. Sin embargo, en la confesión (expresada visualmente como el derramamiento del corazón atormentado), David recibió el perdón del Señor.

Pero, ¿cómo puede ser perdonado David cuando "sin derramamiento de sangre no hay remisión" (Hebreos 9:22)? Alguien podría decir que fue perdonado por el sistema de sacrificios de la ley mosaica, sin embargo, sabemos que "la sangre de los toros y de los machos cabríos no puede quitar los pecados." (Hebreos 10:4). Así que, ¿cómo fue perdonado? Definitivamente, el perdón de David en este Salmo - al igual que con todo aquel que ha sido, es, o será perdonado- depende de la obra de Jesucristo en la cruz. Debido a esto, representé el perdón como la sangre de Cristo (que es en sí misma un símbolo de la obra completa de Su muerte y resurrección) inundando el corazón de la mujer y dejándola limpia.

El resultado final del perdón se ve en el versículo 11, la alegría y el gozo en la presencia de Yahweh. Intento mostrar esto a través de las manos levantadas y el rostro erguido de la mujer a la derecha. El supremo regalo de la salvación de Dios en Cristo es Dios mismo - conocido y disfrutado - como nuestra vida.

PSALM 32:5

En esto consiste el amor: no en que nosotros hayamos amado a Dios, sino en que él nos amó a nosotros, y envió a su Hijo en propiciación por nuestros pecados.

1 Juan 4:10 (RVR60)

La "propiciación " puede entenderse como "sacrificio que absorbe la ira". El amor de Dios por la humanidad se manifiesta en el acto de Dios el Hijo siendo enviado como el sacrificio que absorbe la ira por nuestros pecados.

Una implicación particularmente impresionante de este pasaje es que la ira y el amor están íntimamente entrelazados en la experiencia humana. El cenit del amor dentro de la esfera de la creación es la absorción de la ira, efectuada en la cruz. No podremos conocer la plenitud del amor de Dios—sin tomar en cuenta Su santa ira contra nuestros pecados—porque es precisamente muriendo bajo esa ira que Él nos comunica las alturas y profundidades de su amor por nosotros. Si alguien quiere un Dios sin ira, tendrá también - última instancia– un Dios sin amor.

Esta ilustración es un esfuerzo por comunicar visualmente lo que Juan está comunicando verbalmente. La copa y el fuego representan la ira de Dios derramada sobre el Hijo encarnado, mientras que el corazón expuesto de Cristo es una forma de enfatizar Su amor por Su Padre y su Esposa, ya que estas cosas se manifestaron en la cruz. También trate de señalar sutilmente el elemento Trinitario de la cruz. En el Calvario, vemos al Hijo, mediante el Espíritu, ofrecerse a Sí mismo al Padre como el sacrificio que absorbe la ira (Hebreos 9:14). La gloria del Dios Trino es comunicada a la creación con una claridad sin paralelo en este acto supremo de amor: la muerte de Dios el Hijo (Juan 17: 5 apunta en esta dirección. En este pasaje, creo que la palabra " ahora " debe ser tomada como una referencia a la cruz inminente).

Gloria a nuestro Dios que nos ama con un amor sorprendente, que satisface el alma, que calma el miedo, que regocija el corazón, que transforma la vida…El dio a su Hijo como el sacrificio que absorbe la ira por nuestros pecados.

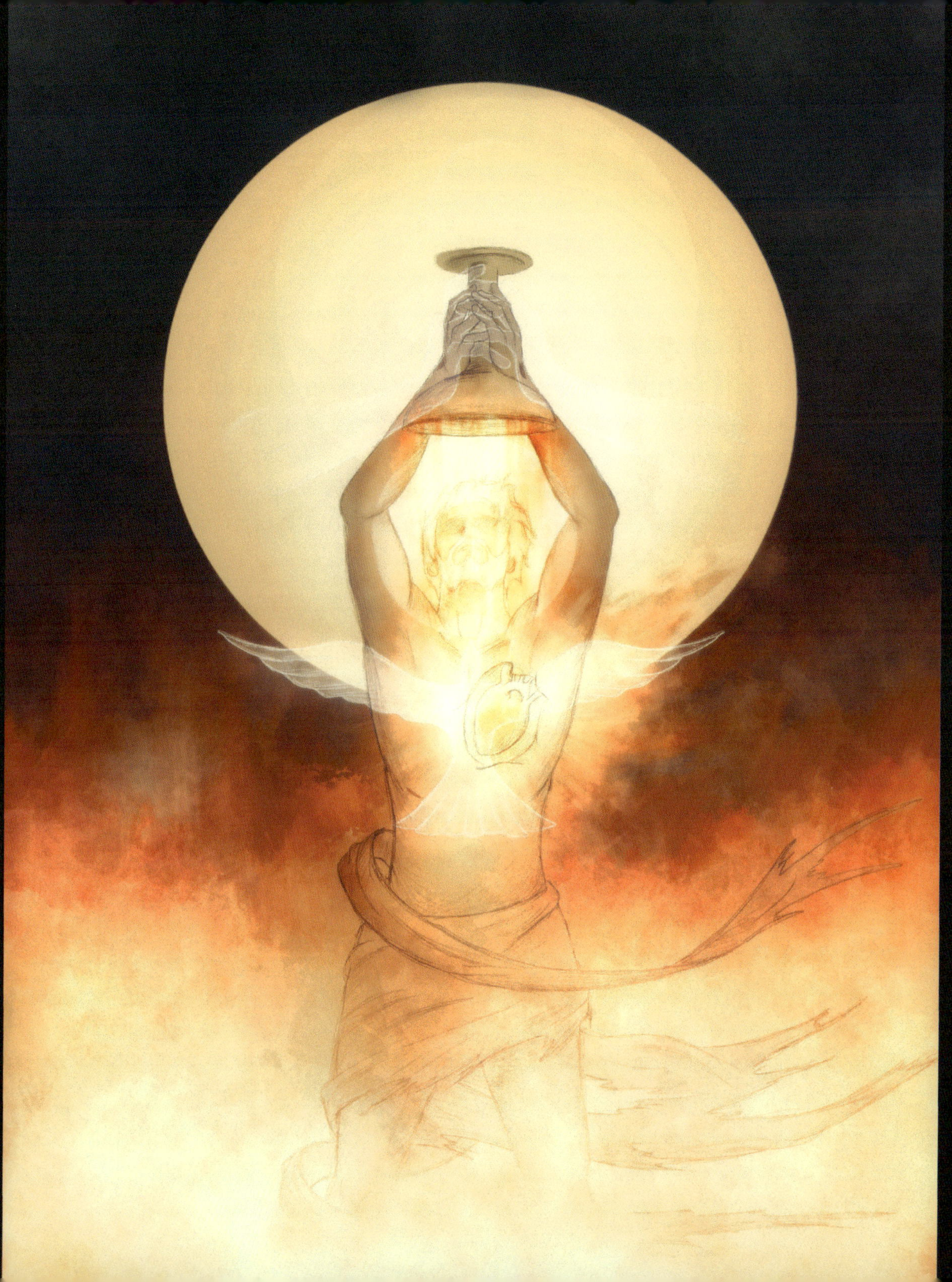

Y él es la cabeza del cuerpo que es la iglesia, él que es el principio, el primogénito de entre los muertos, para que en todo tenga la preeminencia; por cuanto agradó al Padre que en él habitase toda plenitud, y por medio de él reconciliar consigo todas las cosas, así las que están en la tierra como las que están en los cielos, haciendo la paz mediante la sangre de su cruz.

Colosenses 1:18 (RVR60)

Colosenses 1:18 hace la sorprendente afirmación, de que, dentro de la esfera de la creación, la preeminencia de Cristo en todas las cosas se basa en su muerte y posterior resurrección. Esto es porque, sin la cruz, la misma realidad es una discordia de temas y melodías opuestas, las cuales parecen competir contra el propósito central de Dios en todas las cosas: La comunicación de la excelencia de Sí mismo a aquello que no es Él mismo. Sin embargo, la inmolación y resurrección de Jesucristo cambia todo eso.

Debido a que Jesús lleva el equivalente de todos los sufrimientos humanos, eternos y temporales, en Él mismo al redimir la Creación, todo sufrimiento es hecho siervo de la gloria de Dios en última instancia. Dado que Jesús se da a sí mismo a su Padre y a Su Esposa a través de la muerte, la muerte llega a ser el vehículo de amor y sirvienta de excelencia. Y puesto que la obra condenatoria del pecado en la cruz es el cenit de la Gloria de la gracia de Dios, al pecado *condenado* se le hace llevar el estandarte de la gracia soberana, para que hasta los frutos de la rebelión de Satanás, se tornen en joyas en la corona de la belleza de Dios.

La cruz es la única melodía que pone a la cacofonía de la realidad en armonía con los eternos propósitos de Dios. (Colosenses 1:19-20) garantizando que, en todas las cosas y por todas las cosas, Dios recibirá finalmente toda la gloria a través de Jesucristo. Debido a la cruz de Cristo, toda la realidad discordante es reconciliada a Dios y, por la sangre del Calvario, la supremacía del Hijo es establecida dentro del tiempo y el espacio.

Por lo tanto, en esta ilustración, la cruz de Cristo es mostrada como el nexo que une todas las cosas y las trae a consentimiento con el Dios Trino. Hay un halo de luz alrededor de la cruz para mostrar que esta obra- la vergüenza aparente de la cruz- es en verdad el fundamento de su Gloria.

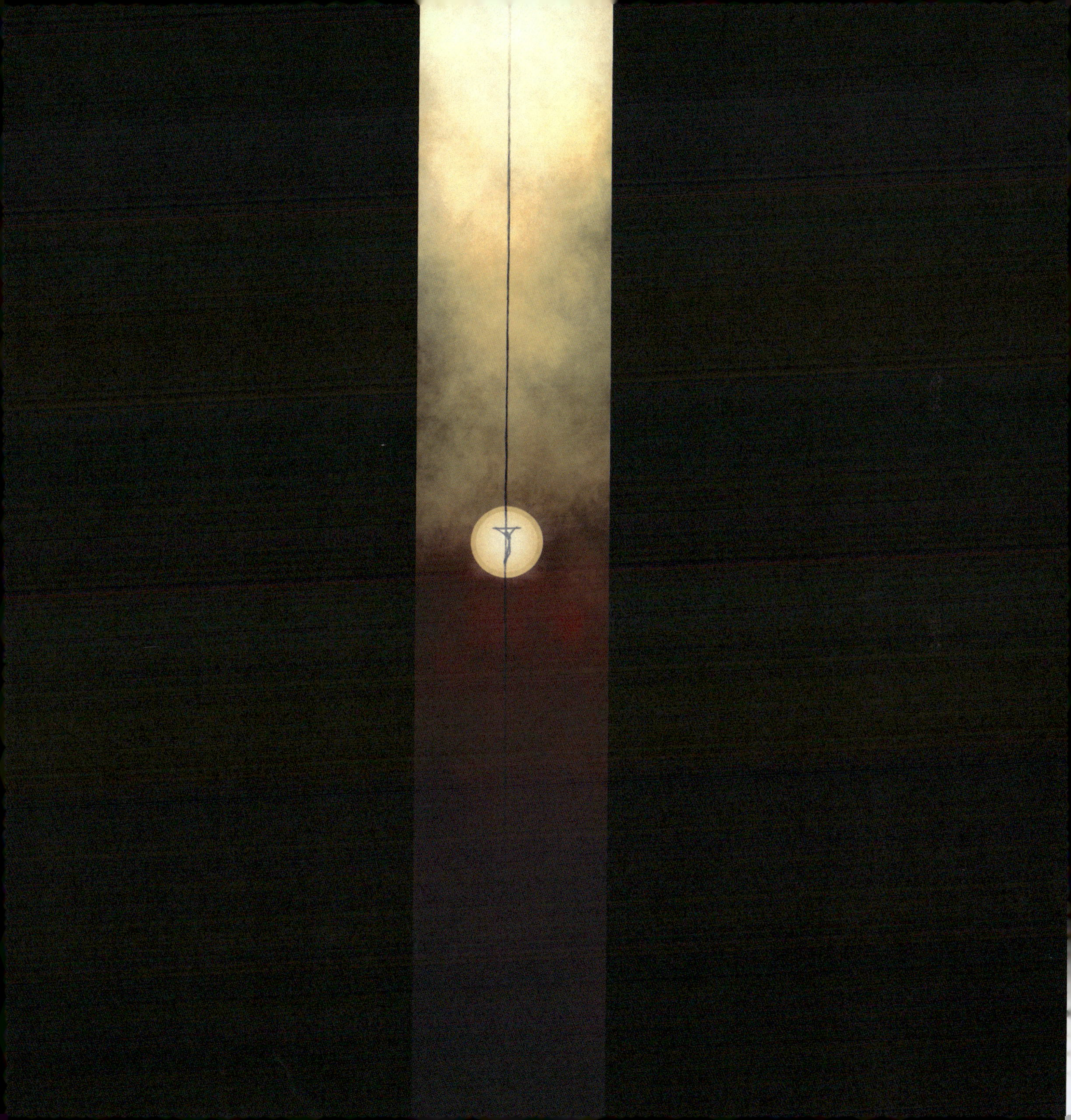

> *Porque Cristo, cuando aún éramos débiles, a su tiempo murió por los impíos.*
> *Ciertamente, apenas morirá alguno por un justo;*
> *con todo, pudiera ser que alguno osara morir por el bueno.*
> *Mas Dios muestra su amor para con nosotros, en que siendo aún pecadores, Cristo murió por nosotros.*
>
> *Romanos 5: 6-8 (RVR60)*

En estos versos, Pablo deja claro que Cristo no murió por pobres, tristes, e impotentes victimas - Él murió por los impíos; Él murió por los pecadores. Una víctima puede agitar la compasión, incluso en un corazón duro, pero pocos pueden sentir compasión por los descaradamente rebeldes, por aquellos que vengativamente eligen su destino y tercamente sufren por ello. Nosotros fuimos eso último. Éramos pecadores activos, aborrecedores activos de Dios. Ese era nuestro estado cuando Dios el Hijo murió para salvarnos.

Y Pablo dice que en esta dinámica Dios manifestó su amor por nosotros. Conocemos más plenamente el amor de Dios hacia nosotros cuando abrazamos la realidad de éramos *impíos completamente culpables*. Si nos engañamos a nosotros mismos al pensar que había algo deseable en nosotros que movió a Dios para atraernos hacia Sí mismo, vamos a terminar destrozando la belleza de Su amor. Eso es lo que quería comunicar en esta imagen.

En primer lugar, observe que el pecador es una mujer; esto es para mostrar que Jesús murió por Su Esposa, un pueblo específico y elegido de entre todas las tribus y naciones (Apocalipsis 13: 8). Y su Esposa es todo el que viene a Él (Juan 6:37). Observe también que la mujer no es en absoluto atractiva. Es un esqueleto con mechones enredados de cabello. Esto pretende ser un recordatorio visual de que no había nada encantador en nosotros, para que Dios nos haya amado. Más bien, llegaremos a ser amables, debido a su amor. También, traté de solidificar el punto de que éramos pecadores activos cuando Cristo murió por nosotros, haciendo que el cadáver se aferrara a un ancla. Ella se está hundiendo en la destrucción y sin embargo se está agarrando desesperadamente al ancla que está causando su hundimiento. Antes de la regeneración, nosotros amábamos más a la oscuridad condenatoria del pecado que la luz de Dios en Cristo (Juan 3:19).

Dado que esta ilustración fue creada para el Viernes Santo, quise retratar vívidamente la maravilla asombrosa de que Jesús murió por nosotros, de ahí la elección de representar el momento de Su muerte. La representación mitad esquelética de Jesús es mi intento de ayudarnos a sentir el horror y la belleza de esa realidad.

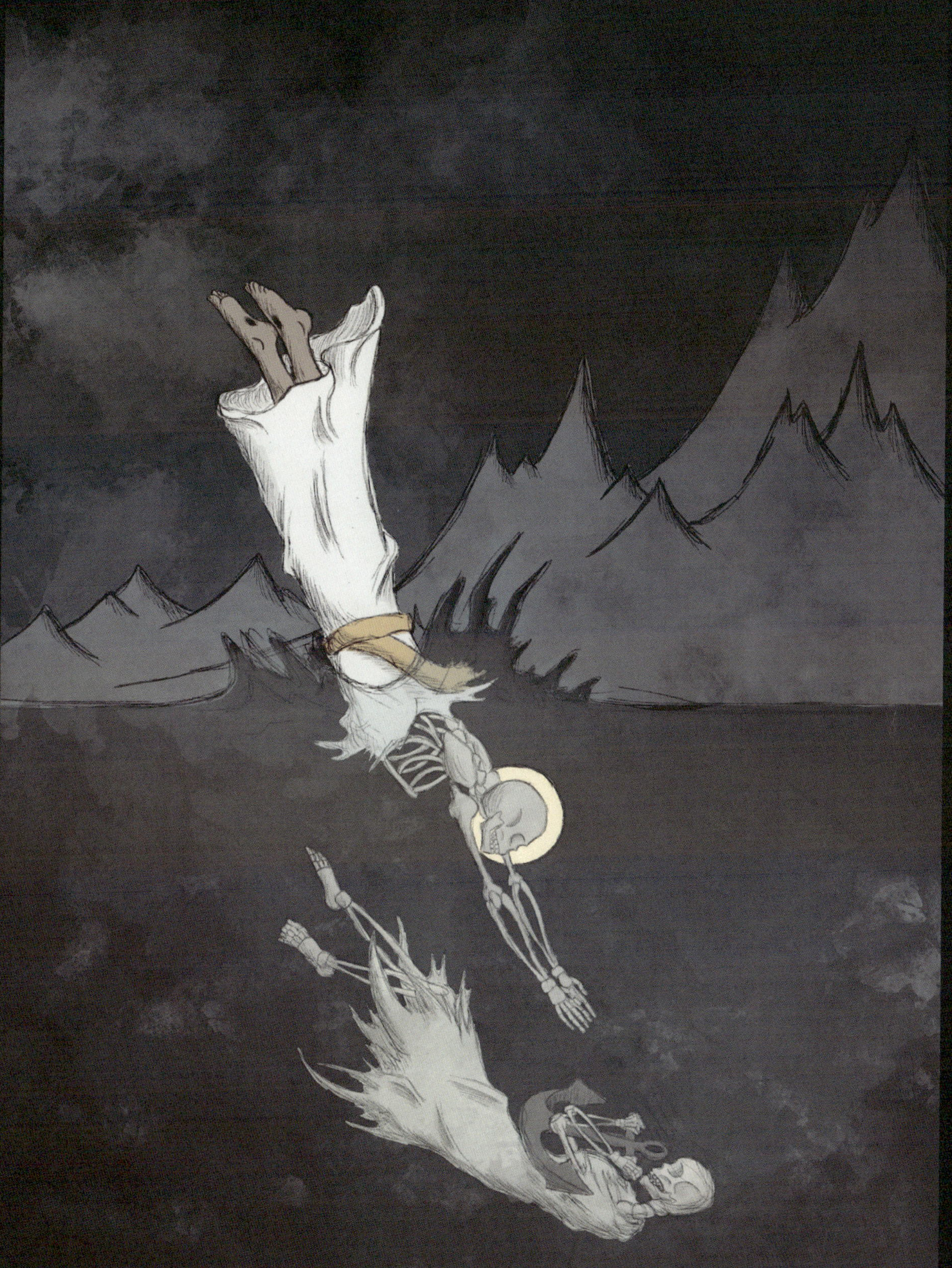

Pero Dios, que es rico en misericordia, por su gran amor con que nos amó, aun estando nosotros muertos en pecados, nos dio vida juntamente con Cristo (por gracia sois salvos), y juntamente con él nos resucitó, y asimismo nos hizo sentar en los lugares celestiales con Cristo Jesús, para mostrar en los siglos venideros las abundantes riquezas de su gracia en su bondad para con nosotros en Cristo Jesús.

Efesios 2: 4-7 (RVR60)

Una de las grandes verdades de la Escritura es que cuando Cristo fue resucitado de entre los muertos, físicamente, hizo posible y aseguró que todos aquellos que creyeron o que algún día creerían en Él, serían resucitados de los muertos, espiritualmente. Y no sólo eso, sino que su resurrección es el comienzo de la resurrección corporal universal para toda la creación. Cuando el Jesucristo resucitado salió de su tumba el domingo por la mañana, la Nueva Creación había amanecido, la Resurrección Final había comenzado. Al igual que el primer brote en un árbol es una señal de que el resto está en camino, al igual que los primeros rayos del sol nos aseguran que el día está cerca, así también la resurrección de Jesús es una promesa segura de que todos los que confíen en Él, serán resucitados a una nueva y gloriosa vida corporal - y con ellos toda la creación caída será resucitada también.

Esta imagen fue diseñada para ser emparejada con la anterior (de hecho, se hicieron las montañas en el fondo para encajar juntas). En esta imagen los pies de Cristo se representan como esqueléticos para revertir el énfasis de la ilustración del Viernes Santo. Allí quise que sintiéramos el horror de su muerte real; aquí quiero que sintamos la realidad milagrosa, que vence la tristeza, de Su resurrección de entre los muertos.

Al igual que en la imagen anterior, la persona que Cristo está rescatando es una mujer, con el fin de representar a la totalidad del pueblo de Dios de todas las épocas y naciones, la Esposa de Cristo. Cuando Jesús se levantó de entre los muertos Él completó todo lo que era necesario para la salvación de Su Esposa trans-temporal y trans-espacial.

Finalmente, la similitud de la apariencia de la Iglesia a la de Cristo (la misma ropa, el mismo halo) es mostrar que, a través de la obra de la redención, Cristo ha asegurado que su pueblo finalmente será presentado delante de él "santo y sin mancha" (Efesios 1: 4,5: 25-27), y vestido de Su propia justicia (2 Corintios 5:21). ¡Qué esperanza inquebrantable y seguridad inexpugnable de gozo exponencial tenemos en la muerte y resurrección de Jesucristo!

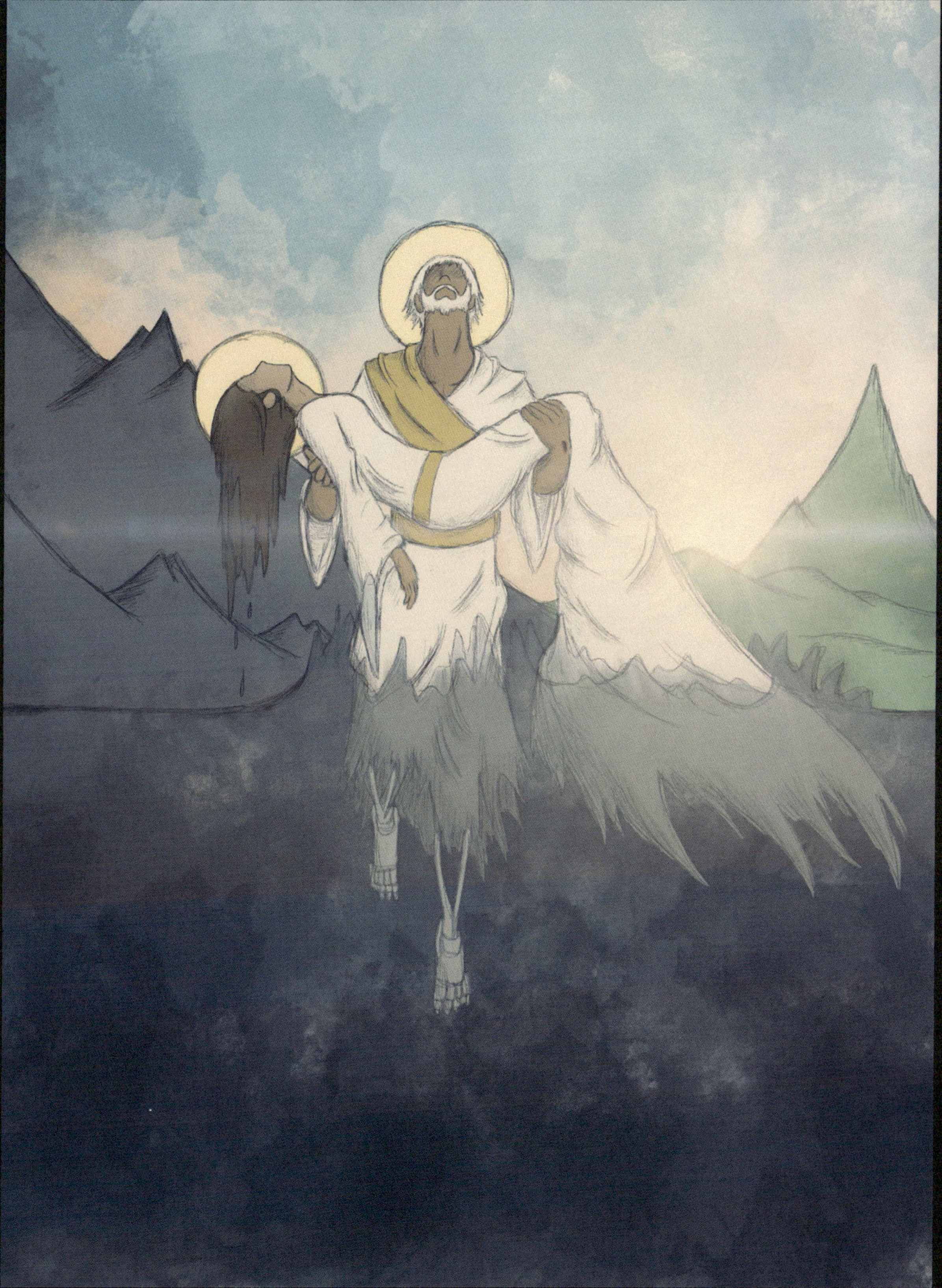

VIVIFICADOS

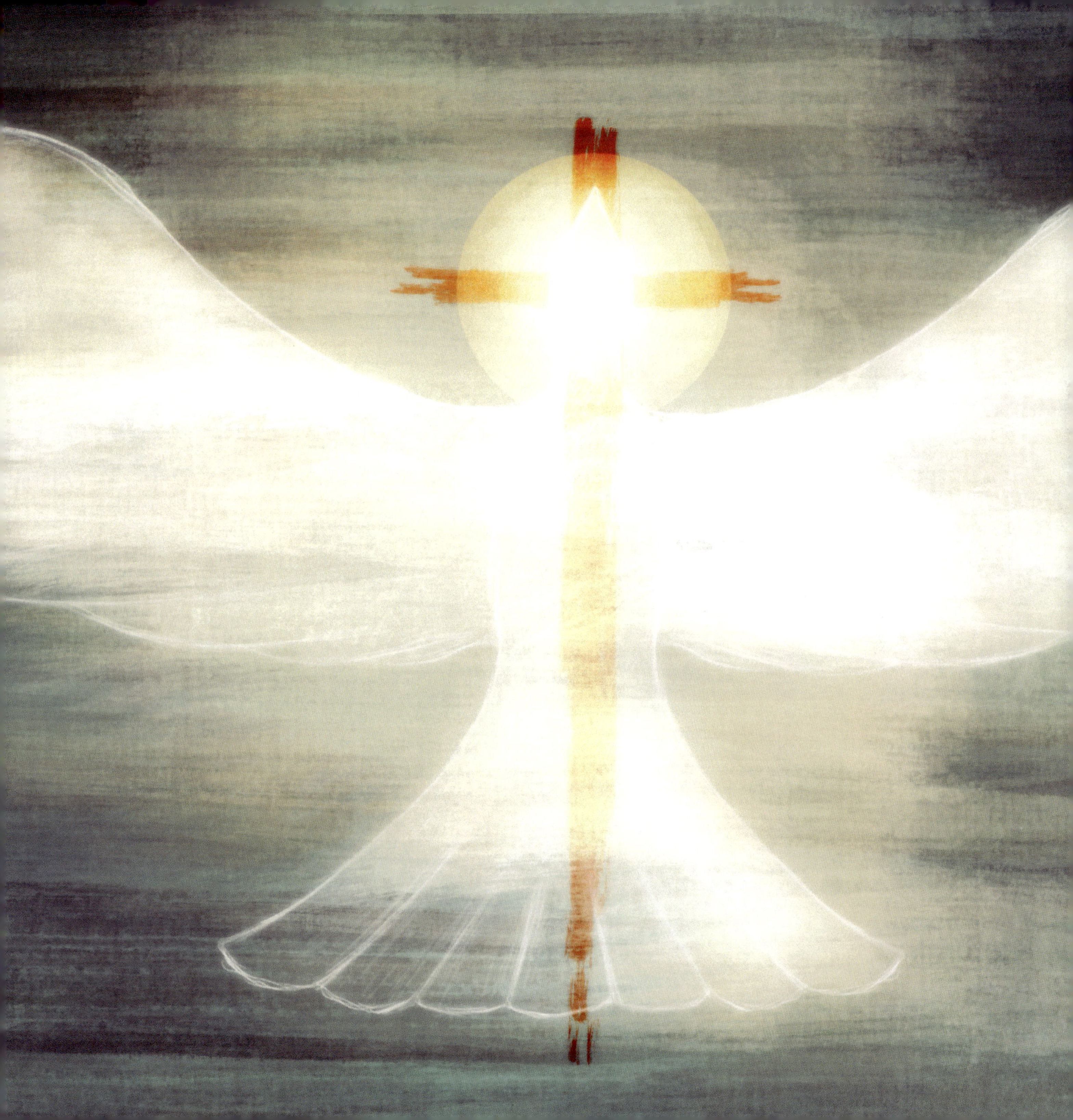

Jesús le dijo: Yo soy el camino, y la verdad, y la vida; nadie viene al Padre, sino por mí.

Juan 14: 6 (RVR60)

Esta ilustración surgió debido a que uno de los donadores mensuales de Full of Eyes pidió una interpretación de la clásica imagen del "diagrama del puente".

En esta versión, decidí hacer que, en lugar de la cruz, Cristo mismo sea el puente, en un intento de resaltar el carácter personal tanto del sacrificio de Cristo, como nuestra recepción de Él como nuestro Señor y Salvador. La salvación no se encuentra viniendo a una cruz impersonal, sino a la viva, vibrante, íntima y cercana persona de Dios en Jesucristo. Él es el camino, la verdad y la vida. Dios ha venido a nosotros como una persona, no simplemente como una proposición, y si quisiéramos conocerlo, hay que conocerlo como una persona (¡principalmente a través de las proposiciones de la Escritura!). De hecho, Jesús va tan lejos como para decir que la vida eterna no es otra cosa que esto: conocer a Dios y conocer a Jesucristo (Juan 17:3).

Yo representé a Cristo con un blanco muy brillante, para resaltar su santidad/deidad, así como las heridas en sus manos nos recuerdan su humanidad. Él se encuentra en las llamas entre el hombre y Dios, porque - en la cruz y por su Esposa - llevó la ira con la cual arde el infierno.

Por último, hice las heridas en las manos fueran las "puertas" de acceso al puente. Si miras de cerca puedes ver a alguien entrando a través de la herida en la parte izquierda de la imagen. Hice esto pues "por cuya herida fuisteis sanados" (1 Pedro 2:24) y porque venir verdaderamente a Cristo, será también una entrada a la comunión con Su sufrimiento. A pesar de que podemos no ser llamados a sufrir la muerte, todos los que han recibido a Cristo- en grandes o pequeñas maneras - entrarán en un paradigma cruciforme de vida, sufriendo fielmente varias auto negaciones con Él en esta vida y siendo glorificados con Él en la próxima (Romanos 8: 16-17).

JOHN 14:6

Lucas 15

Esta imagen proviene primariamente de la parábola de los hijos pródigos (Lucas 15:11-32). Sin embargo también encapsula el mensaje de todo el capítulo entero de Lucas 15. Es un intento de retratar visualmente lo que estaba sucediendo espiritualmente mientras Jesús estaba contando las tres parábolas que encontramos en este capítulo.

En Lucas 15:1-3 leemos que Jesús dijo éstas tres historias porque "los fariseos y los escribas murmuraban, diciendo: Este a los pecadores recibe, y con ellos come". Los líderes judíos, quienes se jactaban de guardar la Ley Mosaica, se molestaron porque Jesús pasó tiempo y compartió alimentos con los recaudadores de impuestos y otros "pecadores". Es por causa del enojo que provenía de la justica propia de estos hombres, que Jesús comparte estas parábolas.

En cada una de las historias, Jesús resalta el tema de algo siendo perdido y después encontrado de nuevo, como una manera de mostrar cómo es cuando un pecador se arrepiente y viene a Él. Este tema encuentra su clímax con la hermosa historia del regreso del hijo pródigo a su padre (v.20). En la ilustración representé esta idea de "regreso a casa" al Cristo tener abrazado al pecador redimido cerca de su corazón, ya que es solo mediante el Hijo que nosotros venimos al Padre. La mano herida de Jesús está sobre la espalda del hombre redimido, como un recordatorio de que Su muerte y resurrección, son los únicos medios para que cualquier persona sea justificada y bienvenida a casa.

Mi representación de los fariseos es fuertemente influenciada por el carácter del hermano mayor (v.25-32). Tal como fue el caso para los fariseos y escribas en Lucas 15, el hombre en esta imagen está furioso con Cristo (y por tanto con Dios) por recibir pecadores. Tal como un judío religioso podría señalar su irreprensible observancia a cada letra de la Ley, este hombre apunta al montón de piedras lodosas que él ha estado amontonando- como si eso fuera a impresionar al Señor o ganar su aceptación. En última instancia, cada parábola en el capítulo 15 es dada como una oferta para los líderes judíos, de entrar y conocer la misma comunión con Dios que los arrepentidos recaudadores de impuestos disfrutan. Para mostrar esto representé la mano de Cristo extendida en un ruego genuino. Su herida es claramente visible, porque es solo mediante su muerte sustitutoria y su resurrección vindicativa que el pródigo puede regresar a casa

LUKE 15:11-32

De modo que si alguno está en Cristo, nueva criatura es; las cosas viejas pasaron; he aquí todas son hechas nuevas.

2 Corintios 5:17 (RVR60)

Esta ilustración fue creada para alguien que es donador de Full of Eyes desde hace un largo tiempo, quien pidió una imagen donde utilizara una mariposa y 2 Corintios 5:17. Durante el curso de trabajo sobre la misma, estudié un poco sobre la metamorfosis de una oruga al transformarse en mariposa y ¡quedé absolutamente impresionado! Ese proceso es verdaderamente una parábola que el Señor ha tejido dentro de nuestro mundo, como una tenue reflexión del milagro de nuestra propia re-creación en Cristo (y muchas otras cosas, sin duda).

En 2 Corintios 5:17, Pablo se está regocijando de que -con la muerte y resurrección de Cristo- ha venido la Nueva Creación. Esto significa que aquellos que confían en Él, van a experimentar la nueva creación espiritual de la regeneración dentro de sí mismos inmediatamente, y que- finalmente- toda la realidad creada va a ser atrapada en la grandiosa nueva creación de todas las cosas.

A través de la regeneración y fe en Cristo, nuestro viejo hombre pasa... sería muy cierto decir que solíamos estar muertos con Cristo en la cruz (de ahí el capullo clavado en la cruz en la imagen), y cuando Él resucita, nosotros resucitamos con Él (ahora espiritualmente, físicamente en Su regreso). En esta imagen, la mariposa representa al Cristiano, y ella posa en la mano de Cristo porque somos salvos en la comunión con Dios en Cristo. La herida de Jesús es claramente visible, porque es sólo por Su muerte y resurrección que la nueva creación de la humanidad y del mundo entero puede tener lugar.

2 CORINTHIANS 5:17

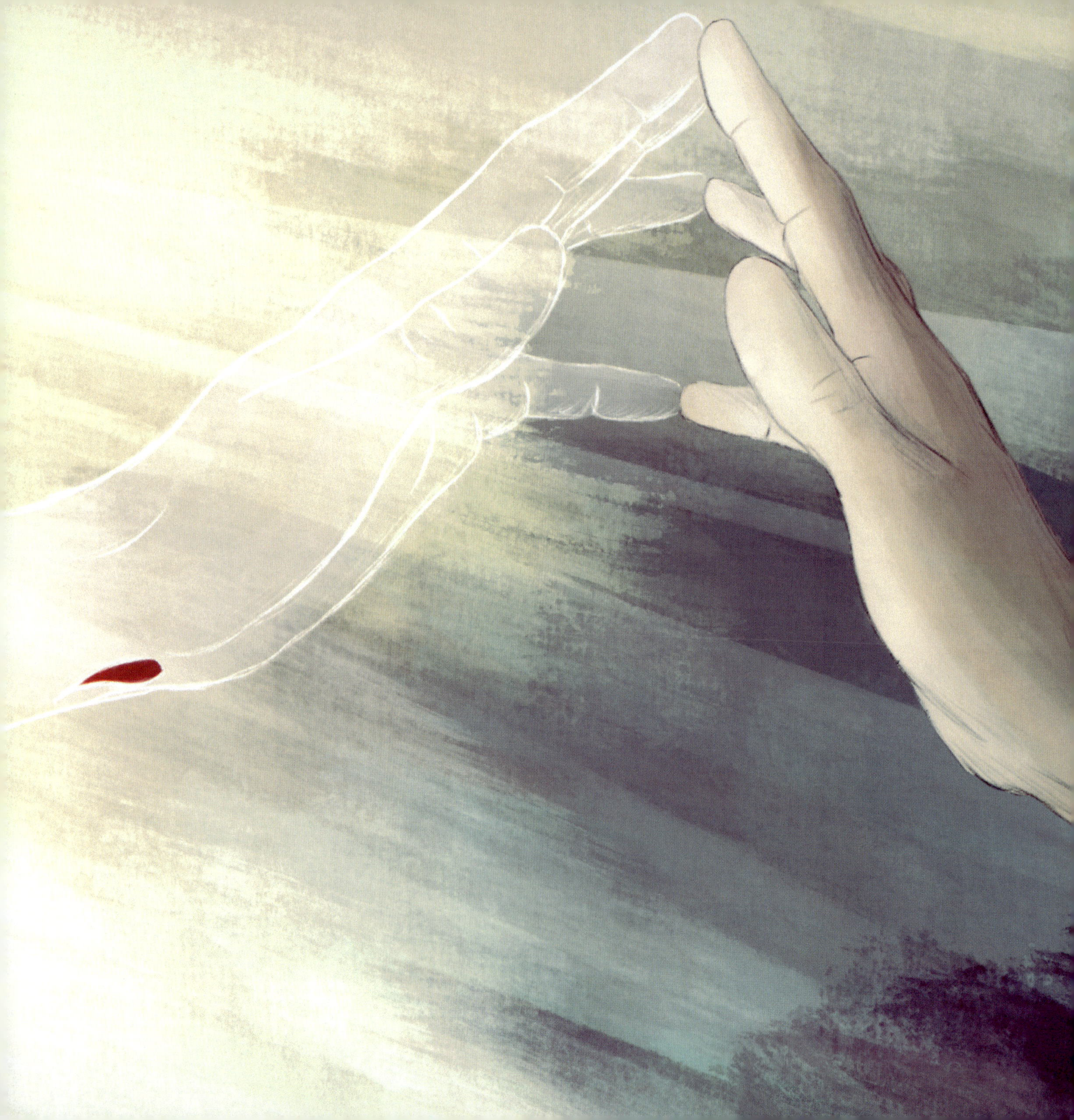

CRECIMIENTO

No os conforméis a este siglo, sino transformaos por medio de la renovación de vuestro entendimiento, para que comprobéis cuál sea la buena voluntad de Dios, agradable y perfecta

Romanos 12:2 (RVR60)

La renovación de nuestras mentes es uno de los medios fundamentales por los que somos transformados del patrón destinado al infierno de este mundo, esta renovación viene primariamente por medio de la palabra de Dios.

Quise que esta ilustración mostrara que es la Escritura la que renueva nuestra mente y nos saca de la corrupción, por ello hay patrones de Escritura en la parte superior, alrededor de la mano de Cristo,. Sin embargo, la Biblia no es un simple libro de "reglas" o "instrucciones", más bien, su hermosura y valor se encuentran en esto: nos muestra a DIOS, primariamente en la persona de Cristo.

Por lo tanto, el entrelazado de los pasajes de las Escrituras que forman la mano herida de Dios el Hijo, es mi manera de decir que la Biblia nos muestra a Dios en Cristo. Y no olvidemos nunca que Cristo nos muestra a Dios más claramente y haciendo clímax mediante Su muerte y resurrección (de allí la centralidad de Su herida). Es precisamente en la contemplación de la belleza de Dios, en Cristo crucificado y resucitado, que somos santificados (2 corintios 3:18) y sacados de la conformidad de este mundo. La transformación en santidad viene cuando nuestras mentes son renovadas a través de la contemplación de la gloria de Dios en Jesucristo a través de Su palabra.

Y por último, no podemos ver la belleza de Cristo en las Escrituras, a parte de la obra del Espíritu Santo que remueve el velo, y nos capacita para ver (2 Corintios 3:17-18, Juan 16:13-14). Quise representar Su obra en esta imagen también, de allí la representación sutil de una paloma entre los ojos del hombre y Cristo como es revelado en las Escrituras.

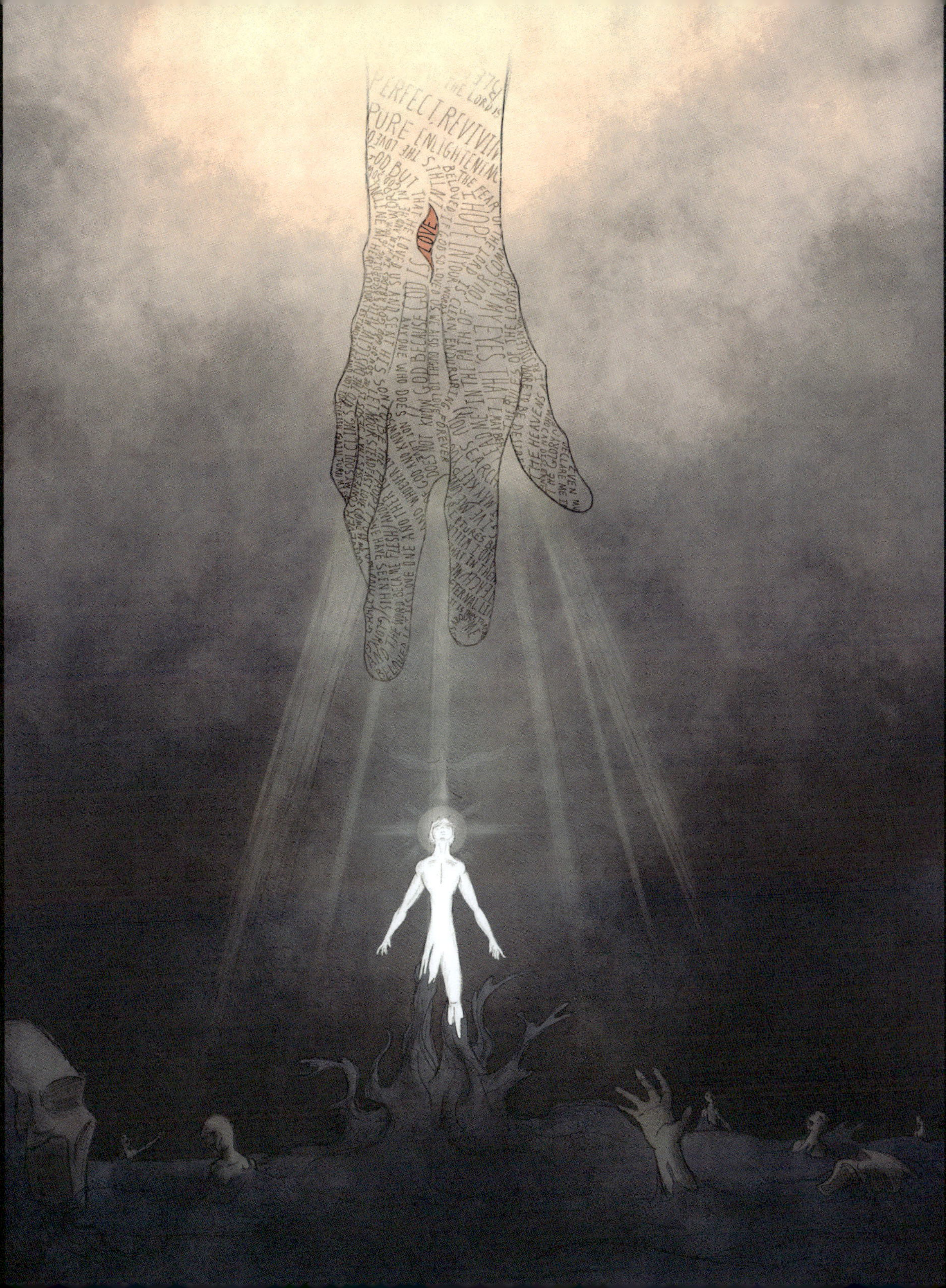
LOVE

Respondiendo Jesús, le dijo: Marta, Marta, afanada y turbada estás con muchas cosas. Pero sólo una cosa es necesaria; y María ha escogido la buena parte, la cual no le será quitada.

Lucas 10:41-42 (RVR60)

En este pasaje, Dios encarnado rompe todo el rebuzno y el ruido de culturas y sociedades, religiones y filosofías, y dice a Marta y a María (y a ti y a mí) la única cosa que es necesaria. ¿Cual es ésta? Exactamente la que María ha estado haciendo: sentarse a los pies de Jesús y escuchar Su enseñanza.

Dios Todopoderoso, en la persona de Jesucristo, es la Estrella del Norte de la existencia humana, el Sol de nuestro sistema solar interno. Él es Aquel por quien fuimos hechos y en quien todos los dolores, anhelos, esperanzas y deseos del alma humana encuentran su satisfacción. Sí, hay muchas cosas que un humano debe hacer…pero Jesús es claro en Sus palabras a Marta: la única cosa necesaria, la única cosa sin la cual no podemos vivir, la única cosa que- si se hace -va a provocar que todas las demás esferas de nuestra vida se alineen, es estar en Su presencia y escuchar Su enseñanza. Si nuestra vida es absolutamente consumida conociendo, disfrutando, y (por causa de esto) reflejando al Jesucristo bíblico, estaremos bien. No importa lo que pueda venir.

En esta ilustración quise retratar la centralidad dominante de Cristo, de la cual leemos en Lucas 10:42. El hombre mira en el rostro de Cristo, confiando su esposa al cuidado del Señor. Y la mujer descansa en las manos de Cristo como una manera de retratar la paz y la confianza que viene cuando Él es todo para nosotros. Por último, quería contrastar la ternura consoladora de las manos de Cristo, con las heridas que lleva en ellas. Esto es importante. Aquel que es nuestro mayor consuelo y que nos ama más profundamente también sufrió en amor por nosotros. Él – nuestro Rey Sufriente - puede llamarnos a sufrimiento también, pero si lo hace, Él no se queda distante o separado de nuestra difícil situación. Más bien, Él nos guiará en y a través de todo horror con manos gentiles, soberanas y marcadas por el amor.

"one thing is necessary..."

- Luke 10:42 -

> *Si, pues, habéis resucitado con Cristo, buscad las cosas de arriba,*
> *donde está Cristo sentado a la diestra de Dios.*
> *Poned la mira en las cosas de arriba, no en las de la tierra.*
> *Porque habéis muerto, y vuestra vida está escondida con Cristo en Dios.*
>
> *Colosenses 3: 1-3 (RVR60)*

Quería mostrar que Pablo llama a los cristianos a tener sus corazones ("buscad las cosas de arriba...") y sus mentes ("Poned la mira en las cosas de arriba...") enraizados en el resucitado y entronizado Jesucristo. Para ello he utilizado la imaginería de un árbol con las raíces creciendo del corazón y de la mente y anclándose en las heridas de Cristo (he elegido hacer las heridas el objeto de las raíces, ya que es en última instancia, a través de la muerte de Jesús, que conocemos más claramente quién es Dios).

Sin embargo --como sabemos por el resto de Colosenses (4:5-6) y la Escritura en general—el llamado de Pablo en este pasaje no significa que el cristiano sea extraído del mundo y se convierta en un "globo espiritual", desconectado de la realidad tangible del aquí y ahora. Por el contrario, se quiere que tenga sus raíces en el cielo y lleve frutos en la tierra. Por lo tanto, aunque la mente y el corazón están firmemente arraigados en la realidad celestial de Cristo y nuestro escondimiento en Él, las manos son representadas como si estuvieran en la tierra y llenas de fruto.

Quería que esta ilustración retratara al cristiano como una especie de "árbol invertido" con la mente y el corazón como las raíces en Cristo, y las manos como las ramas llevando fruto aquí en la tierra. Esta idea del cristiano como un árbol invertido en realidad procede de una publicación de Facebook hecha por Tyler Button, un amigo de la familia.

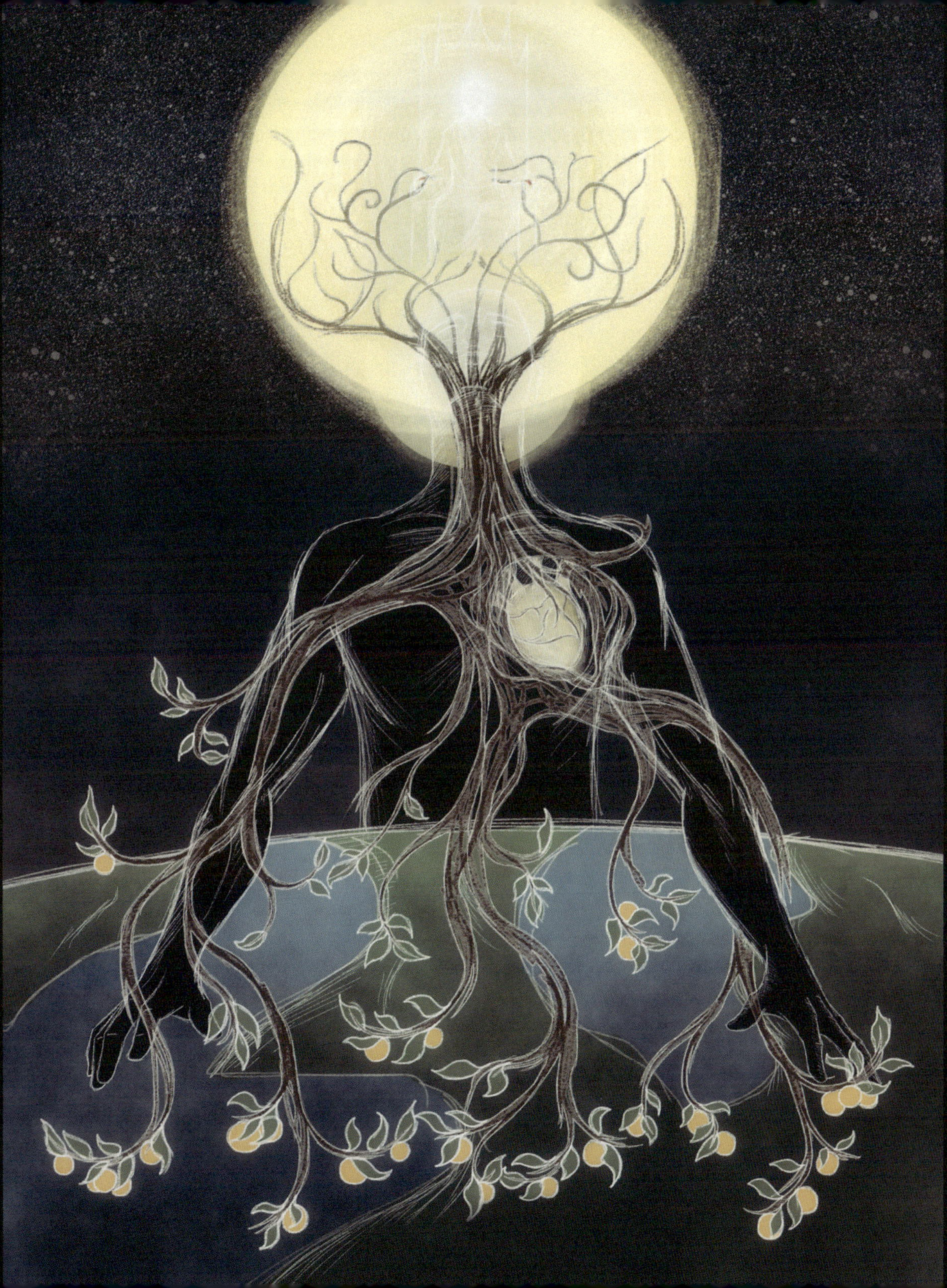

en quien vosotros también sois juntamente edificados para morada de Dios en el Espíritu.

Efesios 2:22 (RVR60)

Partiendo de Efesios 2:22, como de la descripción que hace Pablo de la Iglesia en Efesios 4:15-16, hubieron tres cosas que quise enfatizar en esta ilustración:

Primero, quise mostrar que Jesucristo es la Cabeza de la Iglesia y que es en Él que juntos somos edificados como creyentes. Para hacer esto, quise que el Cristo resucitado estuviera frontal y centrado, y también quise mostrar a la multitud de creyentes siendo "entrelazados" en Él—en Su "cuerpo", por así decirlo.

En segundo lugar, el lenguaje de Pablo en Efesios 2:22 parece indicar que el Espíritu es el "instrumento" mediante el cual los santos están siendo edificados en una morada de Dios. Sin embargo, en Efesios 3:16 (como también en otros lugares de la Escritura), Pablo enseña que Dios el Espíritu Santo habita en su pueblo del Nuevo Pacto. Esto significa que, aunque ellos están colectivamente unificados en una morada para Dios por el Espíritu, ellos ya son en un sentido Su morada, a causa del Espíritu dentro de ellos. Con esto en mente quise mostrar dos cosas: que el Espíritu es el que edifica (expresado por los santos siendo entrelazados como por un "viento recio" en el cuerpo de Cristo, Efesios 4:3), y en segundo lugar, que el Espíritu de Dios habita en medio del pueblo de Dios para que así realmente puedan ser llamados la morada de Dios (expresado por la paloma al centro de la imagen).

Finalmente, quise que las heridas de Cristo sean visibles en medio de Su pueblo, ya que es sólo por Su obra en la cruz que podemos ser edificados en Él, y siempre será a través de un camino "cruciforme" (de la tristeza a la alegría, del sufrimiento a la gloria) que crecemos en Él.

EPHESIANS 2:22

Sufrimiento y Perseverancia

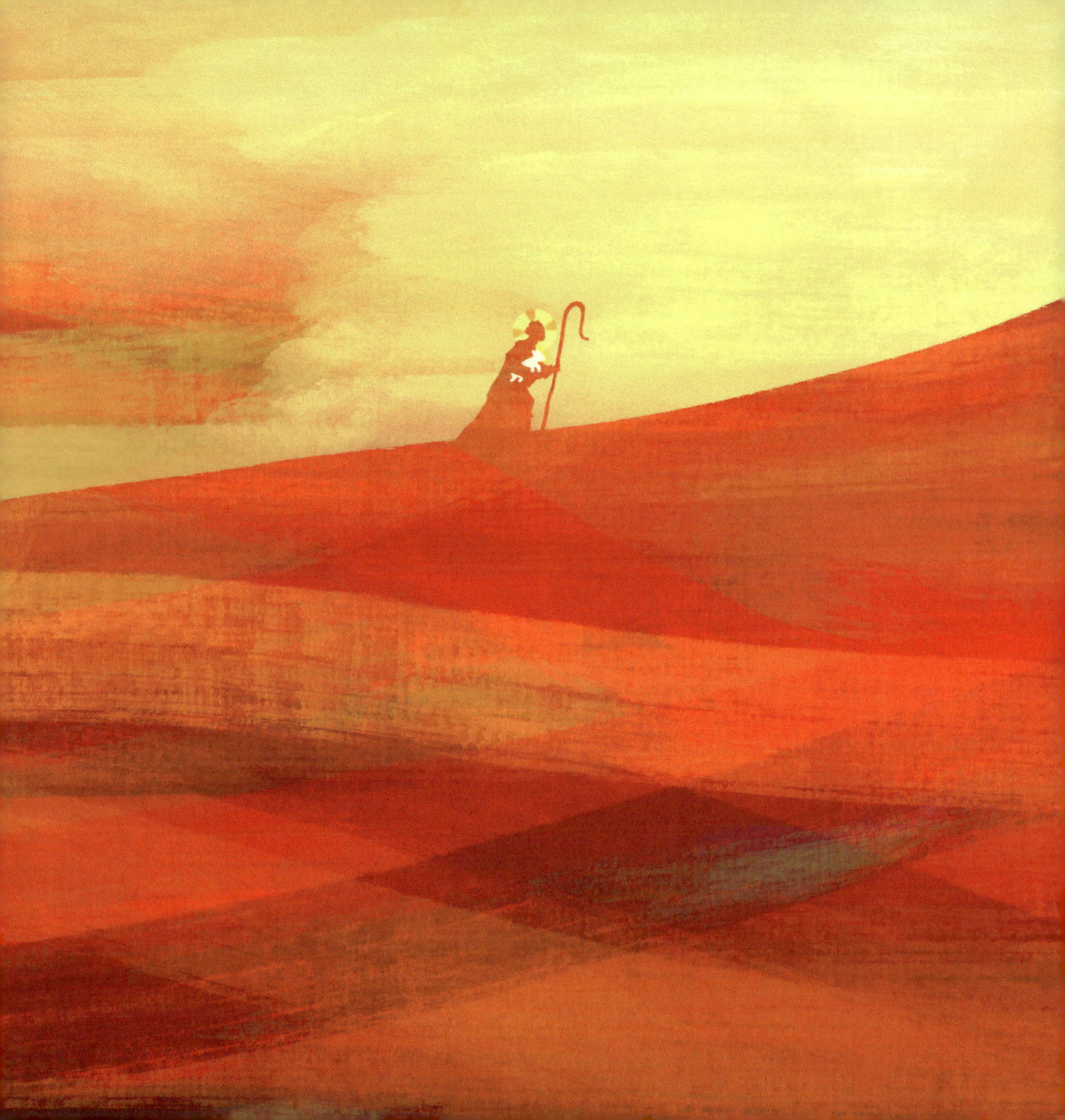

La paz os dejo, mi paz os doy; yo no os la doy como el mundo la da.
No se turbe vuestro corazón, ni tenga miedo.

Juan 14:27 (RVR60)

Esta ilustración fue creada para mi esposa, como regalo de Navidad, y se basa en uno de sus versículos favoritos. En la creación de esta ilustración, hubo unas pocas cosas que quise estar seguro de llevar del texto a la imagen.

En primer lugar, la paz que Jesús da es indivisible de Sí mismo. Jesús no promete un sentido genérico del bienestar, sino que Él ofrece Su propia paz, la paz que Él -como Dios el Hijo- disfruta dentro de la comunión de la Trinidad, una paz que yo creo está incluida en la persona del Espíritu Santo (Juan 14:26). La firme, segura, e infinitamente profunda paz del propio corazón de Dios, que fluye desde el vínculo perfecto de amor dentro de la Trinidad, esta es la paz que Jesús va a dar a Su pueblo. Por esta razón quise representar la paz, no como algo que Jesús da, sino como algo que Él es. Para mostrar la naturaleza íntima y personal de dicha paz, representé a la mujer experimentándola, al poner a Cristo sujetándola hacia Sí mismo, y la luz de su presencia rodeándola. Nuestra paz que proviene de Cristo no es algo que podemos disfrutar aparte de Él, es la paz de Dios mismo, mediada por el Espíritu y disfrutada al permanecer en Jesucristo.

En segundo lugar, quería contrastar la paz de Cristo con la paz del mundo. El mundo da una especie de "paz" (a través de diversos intentos por proporcionar seguridad, etc.), pero Cristo dice que su paz no es así. La paz de Cristo es diferente de la paz del mundo, en el sentido de que la paz del mundo depende de las circunstancias y puede ser destruida en un instante. Para representar esto, ilustré las olas como la destrucción de los pequeños montículos de piedra (la paz del mundo) sobre los cuales, las personas estaban paradas.

Por último, quería demostrar que el sufrimiento vendrá; toda paz—ya sea de Cristo o del mundo—se pondrá a prueba. Esta es la razón por la que las olas están rompiendo sobre todos, incluso sobre la mujer que confía en Cristo. La paz que Jesús da no nos aleja de situaciones profundamente dolorosas (Juan 16:33), pero por Su gracia nos preservará a través de ellas.

John 14:27

> *… Ninguna arma forjada contra ti prosperará…*
> *Isaías 54:17 (RVR60)*
>
> *Y sabemos que a los que aman a Dios, todas las cosas les ayudan a bien, esto es, a los que conforme a su propósito son llamados.*
> *Romanos 8:28 (RVR60)*

Finalmente Isaías 54:17 será verdad cuando el propósito de Dios, que se va revelando en la historia de la humanidad caída, haya sido completado y la historia de eterno deleite en Su gloria haya empezado. Cuando Cristo regrese y el dolor se convierta en gozo y el llanto se convierta en risa, entonces se hará manifiesto que ninguna arma forjada contra el pueblo de Dios era capaz de prosperar. Sin embargo, hasta ese día, las flechas aún atraviesan carne cristiana, las cuchillas terroristas aún cortan cabezas cristianas, y el cáncer y Alzheimer y discapacidades aún destrozan cuerpos cristianos. ¿Cómo debemos entender esto? ¿Es la promesa de Isaías 54:17 para nosotros?

Sí, esta promesa es para nosotros (2 Corintios 1:20), pero debería ser combinada con un concepto sólido de la soberana bondad de Dios como se retrata en Romanos 8:28. Tan completa, tan intrincada, tan incomparablemente gloriosa es la soberanía de Dios, que Él ha ordenado todas las cosas para el bien de Su pueblo. Esto significa que, al final, ciertamente se dirá que ninguna arma forjada contra aquellos que están en Cristo fue capaz de prosperar -aún las piedras que mataron a Esteban y las cuchillas que decapitaron en Medio Oriente-. Más bien, todas las cosas fueron orquestadas para el bien cristiano y para gloria de Dios.

Por lo tanto, en esta imagen Cristo es representado como defendiendo a los suyos de las "armas" de este mundo (simbolizando el mal, tanto natural como moral). Sin embargo, la única flecha blanca que se le ha permitido herir es una manera de simbolizar las experiencias dolorosas que Dios misericordiosamente ha ordenado para nuestro bien. Nota también que el hombre herido no se desanima porque sus ojos están fijados en Aquel que es, tanto Rey de amor, como autor de su prueba.

Alabado sea Dios, el día viene cuando veremos con gozosa claridad que ninguna arma forjada contra aquellos que confían en Cristo ha prosperado.

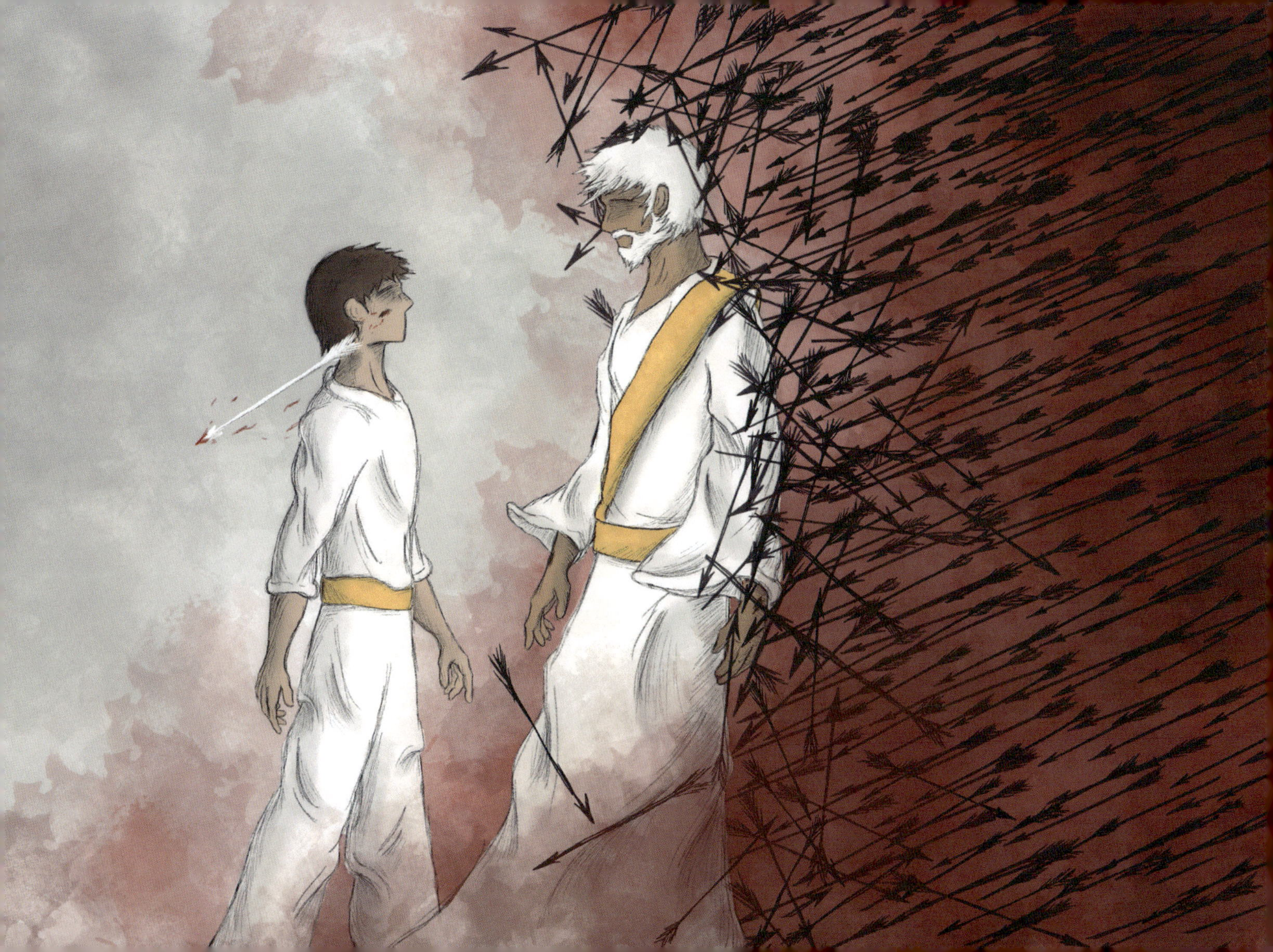

*Y sabemos que a los que aman a Dios, todas las cosas les ayudan a bien,
esto es, a los que conforme a su propósito son llamados.*

Romanos 8:28 (RVR60)

Para esta ilustración quise mostrar que, a causa de la soberanía de Dios, tanto los "buenos" como "malos" eventos en la vida son sirvientes de aquel que confía en Jesucristo. Las figuras esqueléticas representan las dificultades, tragedias y sufrimientos de la vida, mientras que las figuras luminosas representan las alegrías, bendiciones manifiestas y la dulzura de la vida. A diferencia de la visión popular que ve solamente las cosas "buenas" como bendiciones, en esta imagen quise enfatizar que ambos órdenes de experiencia sirven para levantar al santo hacia arriba, ayudándolo a alcanzar comunión y conformidad a Cristo (que es el "bien" hacia el cual Pablo dice que todas las cosas ayudan en el versículo 29).

Era importante para mí mostrar que la mano esquelética (representando una circunstancia dolorosa o difícil) es la que está levantando la mano del santo más cerca al Señor. A menudo, es en los tiempos más difíciles en que somos atraídos más íntimamente y conformados más cercanamente a Cristo. Una y otra vez, son los siervos más sombríos de nuestro Señor los que traen a Sus hijos su mayor y más profundo bien. La cruz en el fondo sirve como un recordatorio de que el camino a la gloria de nuestro Rey, estuvo caracterizado por los dolorosos aunque gozosos sufrimientos de amor; y el nuestro será igual. En la parte superior de la imagen puedes ver una representación de Cristo bajando y tocando la mano atribulada y levantada del santo. Este es mi intento de mostrar que el gran gozo y bien hacia el cual todas las cosas-y especialmente los sufrimientos- llevan es en última instancia Cristo mismo. Si nosotros sufrimos con Él en esta vida, seremos glorificados con Él (es decir, sumergidos en el gozo de la comunión Intra-trinitaria) en la próxima vida, Romanos 8:17.

En Cristo—cada circunstancia se convierte en el sirviente amorosamente comisionado para nuestro mayor bien y la mayor gloria de Dios. Que Él nos de la gracia para creer estas cosas cuando más son necesitadas.

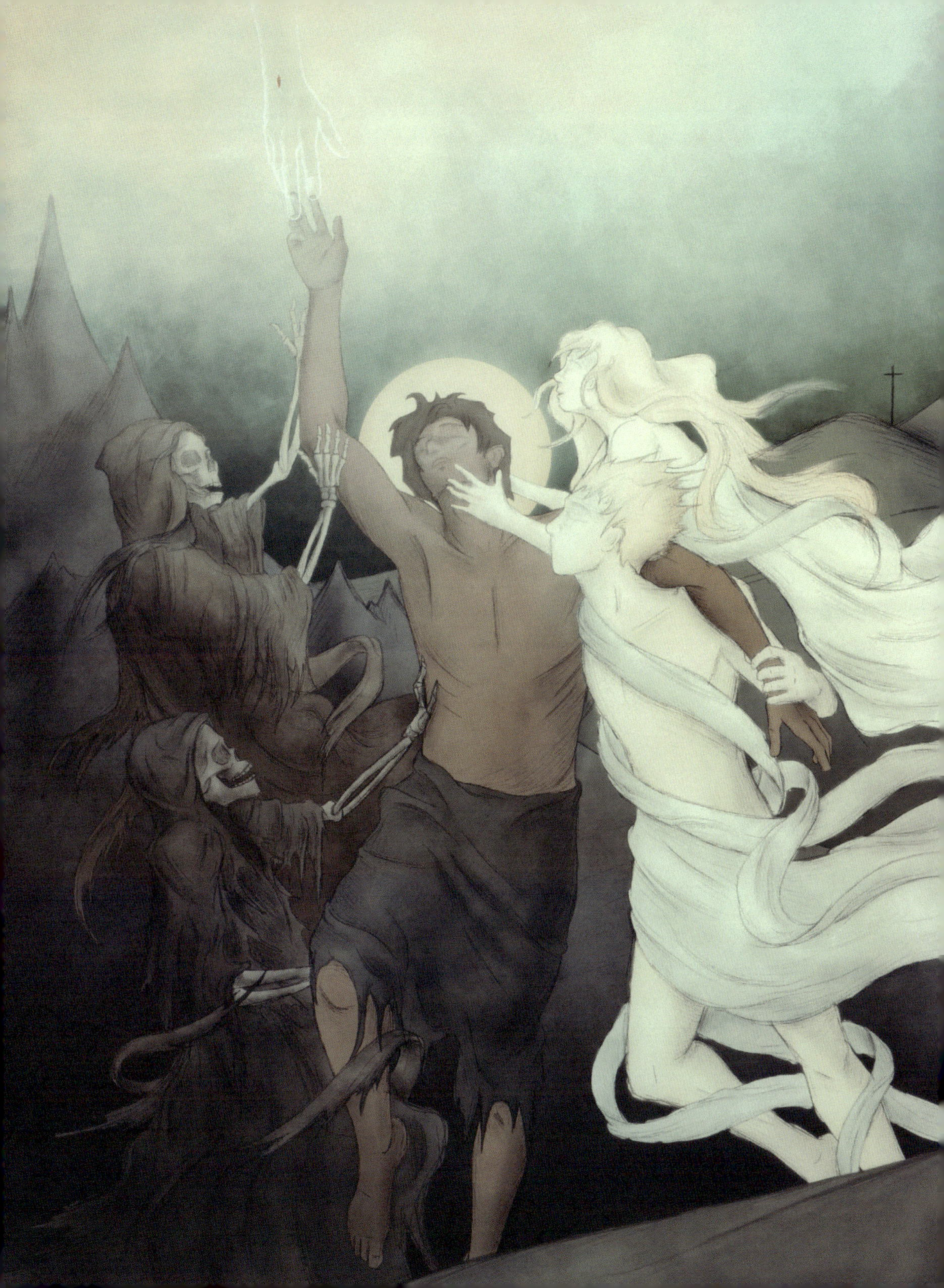

*Cuando abrió el quinto sello, vi bajo el altar las almas de los que habían sido muertos
por causa de la palabra de Dios y por el testimonio que tenían.
Y clamaban a gran voz, diciendo: ¿Hasta cuándo, Señor, santo y verdadero,
no juzgas y vengas nuestra sangre en los que moran en la tierra?
Y se les dieron vestiduras blancas, y se les dijo que descansasen todavía un poco de tiempo, hasta que se
completara el número de sus consiervos y sus hermanos, que también habían de ser muertos como ellos.*

Apocalipsis 6:9-11 (RVR60)

Esta ilustración fue creada en respuesta al asesinato de un número de cristianos coptos llevado a cabo por el grupo radical ISIS en Febrero de 2014.

Creo que el martirio de Esteban en Hechos 7:54-60 nos da un vistazo sobre cómo Jesús trata con Sus santos que sufren. Lo que vemos en este pasaje es que, conforme la intensidad del sufrimiento de Esteban aumenta, también lo hace la intimidad de su comunión con Cristo. Mientras las piedras caen, Esteban ve al Mismo Cristo de pie listo para recibir su alma al gozo eterno.

Para esta imagen, quise retratar visualmente la intimidad del creyente y Cristo dentro del contexto del sufrimiento, de muchas maneras. Primero, representé a Cristo como el Cordero inmolado pero vivo (como es representado a lo largo de todo el libro de Apocalipsis). Esto muestra que, así como Cristo venció a través de la muerte, así también Su pueblo vencerá al ser fieles incluso hasta la muerte (Apocalipsis 2:10). En segundo lugar, los halos de Cristo y el cristiano se intersectan para mostrar la cercanía de su comunión. Y en tercer lugar, la propia herida de Cristo hace eco en la herida que el creyente está a punto de recibir.

En la parte de arriba de la imagen el León y el reloj de arena muestran que el mismo Cristo que sufrió por Su pueblo, redimiéndolos por Su sangre, pronto derramará ira omnipotente en Sus enemigos. Aquel que fue traspasado, un día traspasará a miles (Jeremías 25:33). Aquel que absorbió la ira debido a Su pueblo, ahora ejecutará ira en la tierra (Apocalipsis 6:16). Nuestro Dios es ciertamente el Cordero como León y el León como Cordero, glorificado tanto en Su humillación como en Su exaltación.

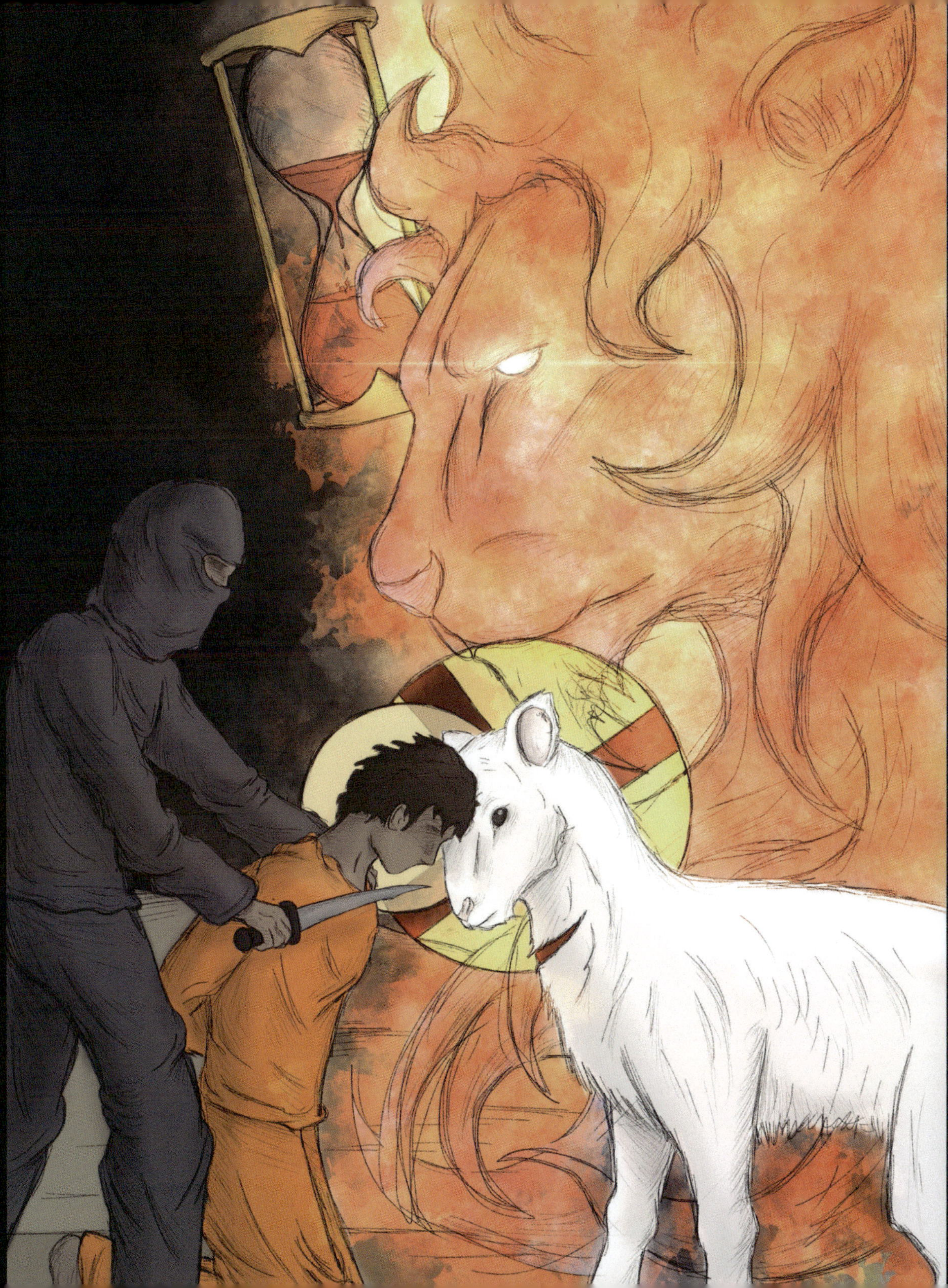

Bástate mi gracia; porque mi poder se perfecciona en la debilidad. Por tanto, de buena gana me gloriaré más bien en mis debilidades, para que repose sobre mí el poder de Cristo.

2 Corintios 12:9 (RVR60)

Uno de los temas en 2 Corintios, es la gloria / poder de Dios siendo manifiesto en la debilidad y el sufrimiento. Cristo es, por supuesto, el modelo para este patrón (2 Corintios 13:4, 1 Corintios 1:23-24), pero Pablo se ve a sí mismo siguiendo esos mismos pasos (2 Corintios 4:7-12, 13:4). Así como la "debilidad" de Cristo en la cruz llevó a la manifestación del poder de Dios en el triunfo sobre la muerte en la resurrección, así también los sufrimientos de los discípulos de los discípulos de Cristo (representando Su muerte) serán el contexto y la semilla para la exhibición de Su gloria y poder en sus vidas (representando Su resurrección).

En esta ilustración las espinas representan el sufrimiento de Pablo, al igual que la ruptura del cuerpo de Pablo (que es también una referencia a Pablo diciendo que es un "vaso de barro" en el cual la gloria de Dios en Cristo es exhibida, 2 Corintios 4:7). La luz por dentro representa el poder del Cristo resucitado que se da a conocer al mundo cuando los cristianos son sostenidos, incluso en medio de sus sufrimientos. Las heridas de Cristo son visibles, porque son un eterno recordatorio tanto de Su propio descenso al más profundo sufrimiento y – a través de este descenso – de Su victoria sobre todo sufrimiento, para el bien de aquellos que confían en Él.

El poder manifestado en el sufrimiento de los santos y que es sustentado por la gracia, no es una bravuconería de fuerza bruta, es un poder que soporta el pecado y el sufrimiento, por causa del amor, y por ello los vence –no en una demostración de fuerza- sino tejiéndolos en la sinfonía de la belleza de Dios. . Mi oración es que esta ilustración sea un recordatorio para aquellos que confían en Cristo que, aunque llevamos la muerte de Jesús en nuestros cuerpos sufrientes, por Su gracia, esto será el propio contexto en que la vida vencedora de Jesús será manifiesta en y a través de nosotros (2 Corintios 4:10-11).

2 CORINTHIANS 12:9

Y a aquel que es poderoso para guardaros sin caída, y presentaros sin mancha delante de su gloria con gran alegría, al único y sabio Dios, nuestro Salvador, sea gloria y majestad, imperio y potencia, ahora y por todos los siglos. Amén.

Judas 1:24-25 (RVR60)

La epístola de Judas termina con una de las doxologías más llenas de esperanza en toda la Escritura. Dios Mismo es Aquel que es poderoso para guardarnos sin caída en el largo, peligroso y cansado camino de la vida, ¡y Él es Aquel que nos presentará delante de Su gloriosa presencia sin mancha y con gran alegría! Todos estarán delante de Su gloriosa presencia, pero no todos lo harán con alegría. Estar delante de Dios, aparte de la justicia concedida a través de la unión con Cristo es estar condenado. Solamente en Cristo la presencia de Dios es "gran alegría" para nosotros.

Quise que esta ilustración capturara el sentido de un largo viaje y de un regreso a casa seguro, que están tan presentes en la doxología de Judas. Para hacer esto pinté un camino poco visible que se remonta a las montañas y puse al viajero en el primer plano, cerca—pero aún sin llegar—a su destino. La cruz está al principio del camino y Cristo es retratado como caminando con el santo en el transcurso del viaje, como un intento de demostrar que el ser traídos, sin mancha y con gran alegría, delante de Dios viene solamente "a través de Jesucristo nuestro Señor" (¡esto no significa que la cruz es algo con lo que comenzamos y después dejamos atrás! Cristo crucificado y resucitado es el aire que nosotros respiramos y la canción que cantamos durante cada paso de nuestro viaje hacia el Cielo).

Finalmente—tanto en Judas como en esta ilustración—el viaje mismo no ha terminado aún, el Buen Pastor y el fiel creyente están a punto de entrar en la luz de la gloria de Dios pero aún quedan más pasos soberanamente ordenados que tomar. En última instancia, es allí donde cada creyente se encuentra a sí mismo cada día… ¿Quién sabe cuántos pasos más nos llevarán, con los ojos abiertos y llenos de regocijo, hacia Su resplandeciente presencia? Alabado sea Dios que es poderoso para guardarnos—y en Cristo, indudablemente lo hará—hasta que le veamos cara a cara.

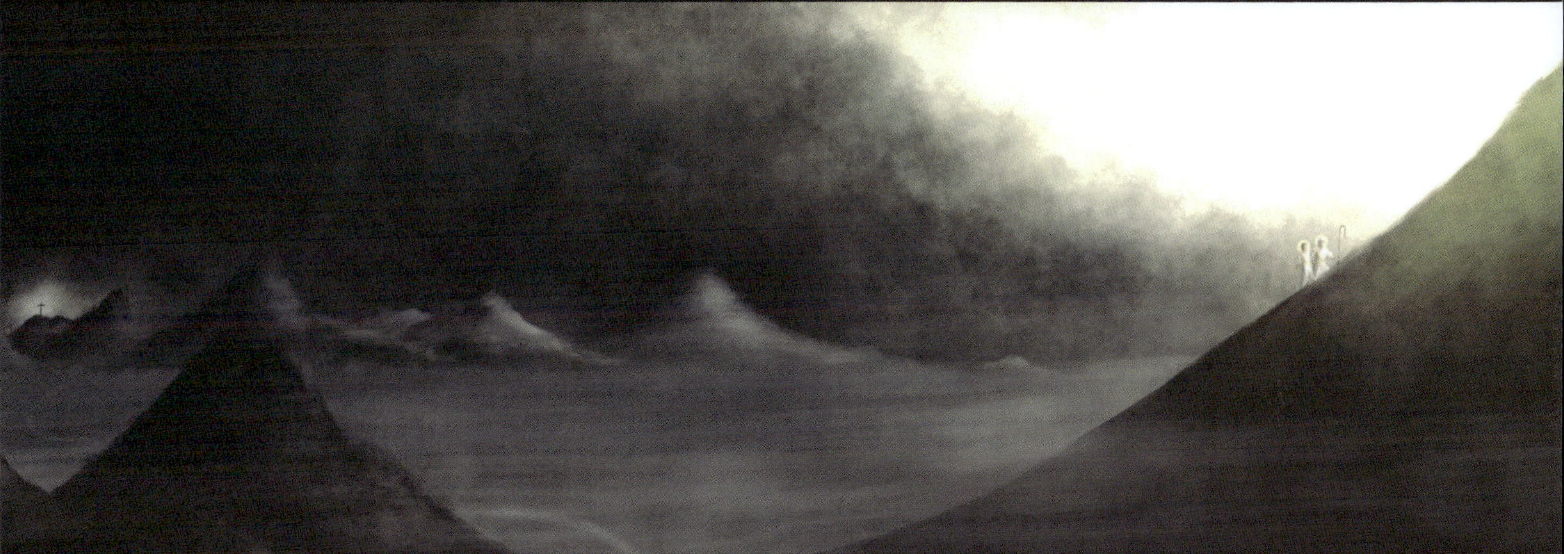

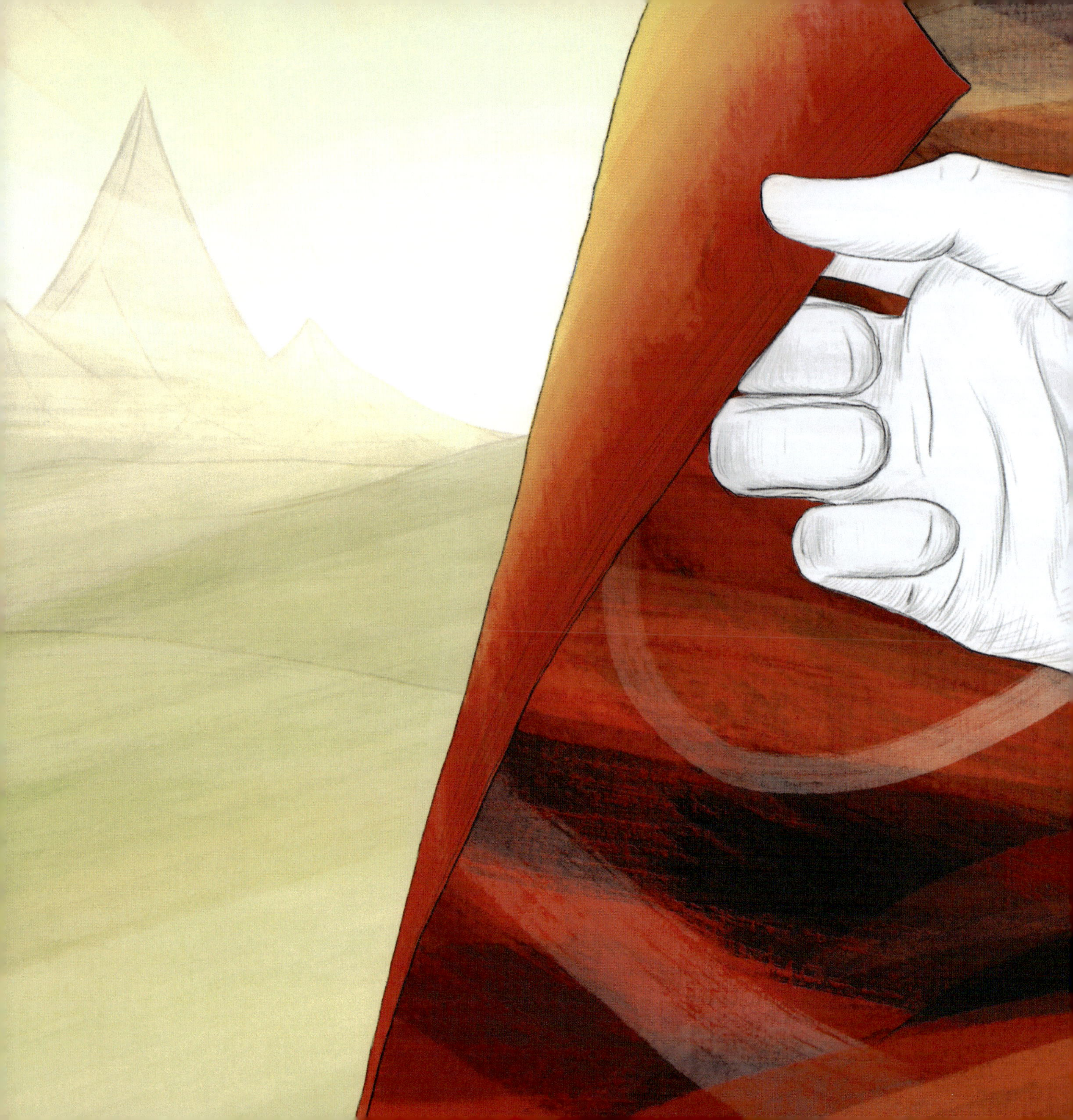

Dando Vuelta
a la Primera Página

> *...cuando se manifieste el Señor Jesús desde el cielo con los ángeles de su poder, en llama de fuego, para dar retribución a los que no conocieron a Dios, ni obedecen al evangelio de nuestro Señor Jesucristo; los cuales sufrirán pena de eterna perdición, excluidos de la presencia del Señor y de la gloria de su poder, cuando venga en aquel día para ser glorificado en sus santos...*
>
> *2 Tesalonicenses 1:7-10 (RVR60)*

Esta imagen se basa en muchas diferentes descripciones del regreso de Cristo; sin embargo se alinea más cercanamente con 2 Tesalonicenses 1:7-10. En este pasaje la presencia de Cristo es el gozo de sus santos (v.10) y el horror de sus enemigos (v.8-9). He representado esto en la ilustración, poniendo a los santos (todos los humanos redimidos representados por un hombre y una mujer) radiantes con la gloria de Cristo, mientras que los enemigos de Dios son consumidos en fuego encendido por la gloria de Su rostro (el v.9 también puede ser traducido: "ellos sufrirán pena de eterna perdición del rostro del Señor y de la gloria de su poder").

Asimismo, quise que el rayo de luz central que sale del rostro de Cristo aluda a la imaginería de Apocalipsis donde tiene una espada (Su espada) saliendo de su boca y matando a sus enemigos (Apocalipsis 19:15). Es con esta espada que Él hiere a las naciones.

Los santos están vestidos de blanco para representar su justicia, la cual es dada y posible por Cristo. Jesús mismo está vestido con una túnica blanca bañada en sangre (representando tanto su papel como Cordero sacrificial, Apocalipsis 5:6, y Señor vengador, Isaías 63:3). El cinto dorado alrededor de su pecho es tomado directamente de Apocalipsis 1:13 y representa su gloria/divinidad.

Representé a Cristo con brazos extendidos como un recordatorio de que aquel que fue herido por la ira en la cruz, ahora hiere con ira en su segunda venida (Apocalipsis 1:7 + Jeremías 25:33). Y finalmente, sus manos están en la forma de la tradicional bendición patriarcal, para mostrar que es a causa de que Él fue herido en el lugar de su pueblo, que su corazón puede ser lleno de amor para bendecir a los suyos, aún cuando justamente juzgue al mundo.

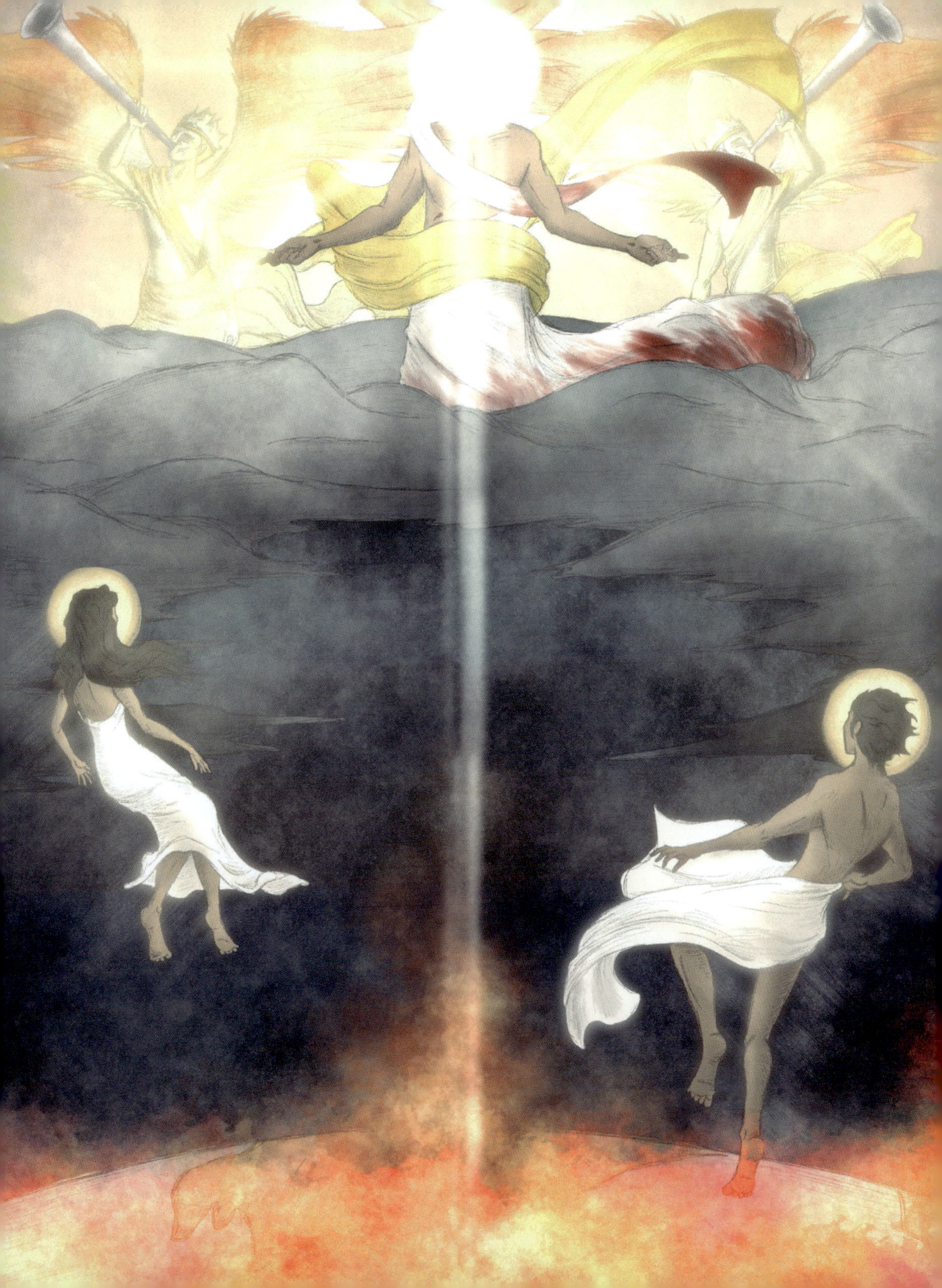

El Cordero que fue inmolado es digno...

Apocalipsis 5:12 (RVR60)

Apocalipsis 22:3-4 nos enseña que Jesucristo será eternamente la imagen de Dios para el hombre. A través de los siglos sin fin del Cielo Nuevo y la Nueva Tierra, nosotros contemplaremos el rostro de Dios en Su Hijo. Y nota que Cristo es llamado "El Cordero" aún mientras reina en la Nueva Creación. Jesús nunca cesará de ser conocido como el Cordero inmolado pero que vive. Hay algunas cosas asombrosas que considerar respecto a esta verdad.

Ya que Jesús es siempre y por siempre "el rostro" de Dios para la creación, el que Juan etiquete a Cristo como "Cordero" (aludiendo a su muerte y resurrección) en Apocalipsis 22 significa que—por toda la eternidad—las marcas de la crucifixión estarán entremezcladas con la visión de Dios. No seremos capaces de ver a nuestro Dios sin recordar su muerte. De hecho, Juan nos enseña que las cicatrices de sufrimiento y amor han sido puestas en la visión beatífica misma... ¡lo que la hace más gloriosa!

Dios desea que nosotros lo conozcamos como El Herido, Él quiere que nosotros lo veamos como el Rey con cicatrices, Él ordena que nuestra visión de su gloria revelada nunca sea divorciada de las heridas de su amor derramado. ¿Por qué? Debido a que, es precisamente en la muerte del Hijo que Dios más claramente declara su Nombre al universo. Las heridas nos dicen que Yahweh es un Dios misericordioso, lleno de gracia, abundante en constante amor y fidelidad, quien perdona el pecado y aún así no tiene por inocente al culpable. Las heridas nos dicen que el pecado, el sufrimiento y la muerte no simplemente han sido derrotados, sino que han sido dominados; han sido incorporados a la sinfonía de la belleza de Dios y se han convertido en siervos involuntarias para la gloria de su Nombre. Y las heridas nos dicen que Dios no ha retenido nada, que nos ha amado incluso como Él se ama a Sí mismo, que Él se ha derramado a Sí mismo para su Esposa rebelde, y la ha satisfecho absolutamente en Sí mismo. Impresionante.

No hay Dios como Yahweh, y vemos esto más claramente en Jesucristo, crucificado y resucitado. De hecho, si no conocemos a Dios como el Dios Crucificado, no lo conocemos para nada. Las heridas de Yahweh en Jesucristo serán eternamente la declaración de Su Nombre, la exhibición de su carácter, y los heraldos de Su amor.

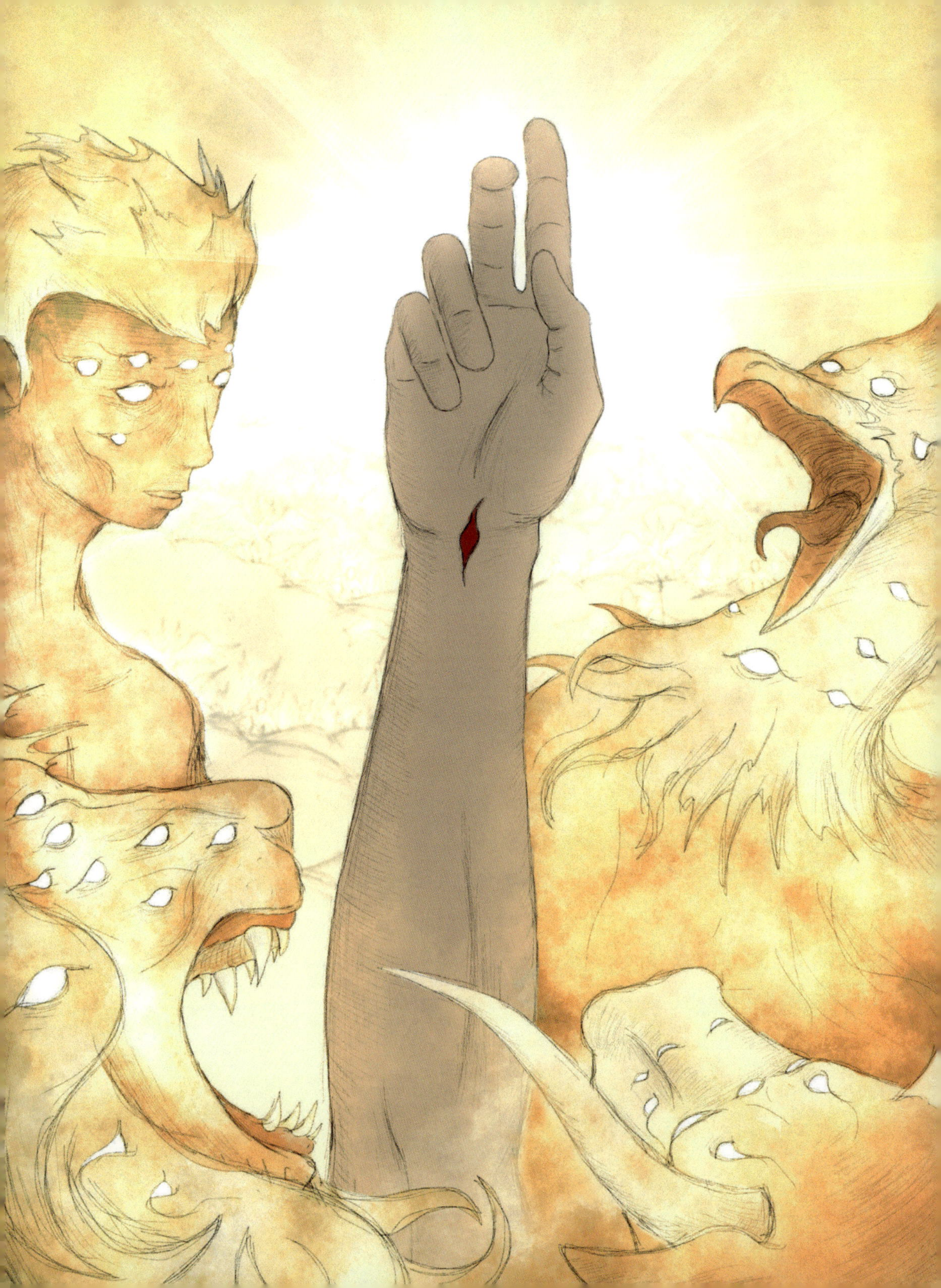

Apéndice

¿Podemos dibujar ilustraciones representando a Jesús?

Full of Eyes usa ilustraciones para proclamar el evangelio de la gloria de Jesucristo. Una de las preocupaciones bíblicas que un cristiano puede tener acerca de este método de proclamación es lo que tradicionalmente ha sido llamado el Segundo Mandamiento. Este mandamiento es dado a nosotros en dos lugares separados en la Escritura. Cito los dos debajo.

> *"No te harás imagen, ni ninguna semejanza de lo que esté arriba en el cielo, ni abajo en la tierra, ni en las aguas debajo de la tierra. No te inclinarás a ellas, ni las honrarás; porque yo soy Jehová tu Dios, fuerte, celoso, que visito la maldad de los padres sobre los hijos hasta la tercera y cuarta generación de los que me aborrecen, y hago misericordia a millares, a los que me aman y guardan mis mandamientos".*
>
> *Éxodo 20:4-6*
>
> *"No harás para ti escultura, ni imagen alguna de cosa que está arriba en los cielos, ni abajo en la tierra, ni en las aguas debajo de la tierra. No te inclinarás a ellas ni las servirás; porque yo soy Jehová tu Dios, fuerte, celoso, que visito la maldad de los padres sobre los hijos hasta la tercera y cuarta generación de los que me aborrecen, y que hago misericordia a millares, a los que me aman y guardan mis mandamientos".*
>
> *Deuteronomio 5:8-10*

¿El ministerio Full of Eyes quebranta este mandamiento al hacer ilustraciones con la intención de representar a Jesucristo? Debajo hay cinco razones por las cuales mi respuesta es "No", seguidas por algunas precauciones acerca del uso de los recursos de Full of Eyes.

I

Full of Eyes no está quebrantando este mandamiento porque "imágenes" es un término técnico.

1. Tanto en Éxodo como en Deuteronomio, lo que Dios prohíbe es la creación y adoración de "imágenes talladas/grabadas". La palabra hebrea aquí, es usada 31 veces en el Antiguo Testamento, y en cada caso se refiere a una imagen de una deidad (como Baal o Asera), generalmente establecida en un santuario y siempre con la intención de ser el objeto de adoración o devoción religiosa.

2. Dios está prohibiendo todas y cada una de las imágenes que sean creadas y utilizadas como *objeto de adoración*. Este mandamiento no habla de un modo u otro respecto a las ilustraciones, esculturas, etc. *no* usadas como objeto de adoración.

II

Full of Eyes no está quebrantando este mandamiento porque lo que prohíbe es adoración.

1. Dios dice "*No te inclinarás a*" ni "*honrarás*" una imagen. Estas dos palabras hebreas abarcan un rango de adoración humana (adoración de corazón, la adoración de cuerpo inclinado, y la adoración de una vida en servicio a otro). Yahweh es explícito en que estas adoraciones *nunca* deben ser ofrecidas *a* una imagen.

2. Este mandamiento, sin embargo, no dice nada acerca de otros usos de imaginería. ¿Qué hay acerca de las ilustraciones o esculturas usadas para enseñar o servir como memoriales de eventos, o como expresión artística que honra a Dios? Este mandamiento es específicamente dirigido a prohibir la *adoración* de imágenes.

III

Full of Eyes no está quebrantando este mandamiento porque las imágenes pueden enseñarnos a quien debemos adorar, sin ser adoradas ellas mismas.

1. En Deuteronomio 4:19 Dios advierte acerca de "inclinarse" y "servir" al Sol, la Luna y las estrellas. Esta es la prohibición exacta que Él da en contra de las imágenes, incluso usa las mismas palabras hebreas. Sin embargo, sabemos por otros lugares en la Escritura que somos estimulados a mirar a los cuerpos celestes y ser movidos a adorar a Yahweh como resultado de lo que vemos (Salmos 8:3-4; 19:1-2; Is. 40:26).

2. ¿Cómo podemos reconciliar la prohibición en contra de adorar cuerpos celestes en Deuteronomio 4:19 con el llamado a mirar los cuerpos celestes y adorar a Dios por causa de ellos en los Salmos e Isaías, etc? Yo sugeriría que debe haber dos maneras en las cuales somos movidos a adorar por las cosas que vemos. La primera, prohibida en Deuteronomio 4:19, es ver una cosa creada y adorarla *a ella*. La segunda, ordenada a nosotros en los Salmos e Isaías, es ver una cosa creada y, por ella, ser movido a adorar al Creador a quien ella apunta.

   > Una consideración que hacer aquí, es que adorar a Dios *por causa* de una imagen, es diferente que adorar a Dios *mediante* una imagen. Hay algunos que argumentarían que ellos no están adorando a una ilustración, pero que, *mediante* una ilustración están adorando a Dios. En mi apreciación, esto se vuelve peligrosamente cercano a la idolatría y no tiene precedente en la Escritura.

3. Así que, es pecado mirar una cosa creada y adorarla, pero es correcto mirar una cosa creada, y mediante ella, ser movido a adorar a Dios. Mi oración y mi intención es que el arte creado por Full of Eyes sea de ese último tipo. Existe para ser una proclamación visual e indicador (como las estrellas) de Aquel a quien debemos adorar.

IV

Full of Eyes no está quebrantando este mandamiento porque las intenciones importan.

1. Es verdad que las ilustraciones creadas por Full of Eyes *pudieran* ser idolátricamente adoradas por alguien, o *podrían* haber sido creadas a partir de una intención idólatra. Sin embargo, Dios nos enseña que las intenciones importan significativamente en asuntos como éste.

2. En Deuteronomio 12:13-14 Dios manda que no se ofrezcan sacrificios en cualquier lugar excepto en su tabernáculo. Sin embargo, en Josué 22:10 vemos dos tribus creando un altar gigante, *que no es* el del tabernáculo. Todo Israel se encuentra escandalizado por este acto de rebelión percibida. Todas las tribus se reúnen para destruir a los edificadores del altar, hasta que es descubierto que el altar no fue creado para ofrecer sacrificios, sino para ser un recordatorio de la fidelidad de Dios (Josué 22:16-27). Este altar no estaba quebrantando la ley de Dios, porque la intención de los creadores era pura.

3. De manera similar, las intenciones detrás de Full of Eyes son didácticas. Yo busco enseñar, comunicar el evangelio, proclamar la excelencia de Aquél que nos ha llamado a Su luz. Si es esta es la intención que da forma a las líneas de las ilustraciones, y si esta es la intención con la que se reciben las ilustraciones, entonces Full of Eyes no es idólatra, sino fiel a los mandamientos del Señor.

4. Como parte de esta intención didáctica, las ilustraciones creadas por Full of Eyes son intencionalmente estilizadas. En vez de ser retratos realistas, están destinados a ser asas visuales mediante las cuales los espectadores pueden aprehender varias verdades del Evangelio.

V

Full of Eyes no está quebrantando este mandamiento porque Dios se ha aparecido visiblemente y físicamente en el Cristo encarnado.

1. Jesuscristo es el propósito de la existencia creada (Colosenses 1:16). Todas las cosas apuntan y fluyen del Dios encarnado quién vivió entre Su pueblo como ser humano real, tangible y visible (Juan 1:14; 1 Juan 1:1).

2. En Cristo, el Dios que era invisible en Sinaí, velado en humo y fuego (Deuteronomio 4:15), ha venido visiblemente en medio de su pueblo, revelado en carne y sangre (Juan 1:14). Él fue visto por sus ojos y tocado por sus manos (1 Juan 1:1).

3. El hecho de que Dios se hizo un hombre, y siendo así capaz de ser visualmente representado como un hombre, no es un resultado incidental de la historia de la redención. No es un peligroso efecto secundario de la obra salvadora de Dios, que tienta a su pueblo a la idolatría. Dios como hombre no es algo que Él quiere que nosotros olvidemos. Más bien, el Dios encarnado es ahora y siempre será la belleza, sabiduría y poder de Dios el Padre hecho manifiesto a su creación.

4. Dios realmente tomó una forma física creada (Filipenses 2:6-7). Y tal como cualquier otra forma física creada, puede ser representado visualmente. También - tal como cualquiera otra de las formas físicas creadas - la representación de Él como un hombre *no debe ser* objeto de adoración. Sin embargo - nuevamente, como cualquier otra forma física creada—*puede ser* un puntero hacia a quien debemos adorar.

    a. Hay algunos que argumentarían que ya que no sabemos como lucía Jesús, nosotros no podemos dibujarlo. Nadie cree este argumento en la práctica. ¿Debe un dibujo de mi esposa verse *exactamente* como ella para ser una representación de ella? ¿o para enseñarme algo acerca de ella? De ninguna manera.

b. También, hay algunos que argumentarían que *cualquier* representación de Jesús es necesariamente adorada por el espectador, ya que el espectador entiende la ilustración como una representación de Dios. La debilidad de este argumento se vuelve evidente cuando la examinamos mediante una analogía de la vida diaria.

   i. Por ejemplo, si yo veo una fotografía de mi esposa, puede ocasionarme que la recuerde y que sienta afecto hacia ella, pero no creo que nadie diría que estoy amando *la fotografía de mi esposa* en ese momento.

   ii. De la misma manera, una ilustración de Cristo puede recordarnos Su obra en el Evangelio, etc. Y puede movernos a adorar al Cristo vivo y verdadero, pero esto no significa que estemos adorando la ilustración de Cristo, de la misma manera al mirar una fotografía que estimula mis recuerdos y afectos por mi esposa no significa que esté amando la fotografía de mi esposa en vez de a mi esposa misma.

5. Dibujar una representación del hombre Cristo Jesús puede ser una declaración teológicamente sana llena de fe y de alegría, de gloria inigualabledel Cristianismo: que el eterno Dios condescendió a llegar a ser, en todo aspecto, semejante a nosotros (Hebreos 2:17). ¡Esta es una realidad discordante! Que se espera que "ofenda" en cierta manera. Se espera que despierte disonancia y admiración cuando alguien señala a una ilustración de un hombre muriendo en una cruz y dice, "Esto representa a mi Dios". Eso *debe* asombrarnos. Yo creo que la encarnación de Dios en Cristo nos da el derecho teológico de comunicar la belleza del Evangelio en una manera visual.

Como *No Debes* Usar la Imaginería de Full of Eyes

Yo dibujo ilustraciones que representan la persona y obra de Jesucristo. Éstas son escenas espiritual y emocionalmente cargadas que estoy tratando de representar, y al hacerlo existe el peligro de que las emociones de la gente se *detengan* en la ilustración misma. Quiero, desesperadamente, evitar que eso pase.

Si las emociones de tu corazón se detienen con una ilustración representativa de Jesús que yo (o cualquiera) he creado, entonces una de dos cosas está sucediendo, siendo la primera preferible a la segunda:

Primeramente, puede ser que la ilustración está simplemente avivando "buenos sentimientos" que son vagamente espirituales, pero que no están anclados a nada. Esto es lo que yo llamaría "sentimentalismo". La ilustración es, en última instancia, un "espresso" para tus emociones y no te ha enseñado nada. En pocos minutos y horas, la "neblina" se irá y el efecto de la ilustración se terminará. Mi oración es que los recursos de Full of Eyes logren más que esto.

La segunda y más peligrosa posibilidad es que los afectos de tu corazón aterricen en una ilustración y no vayan más allá de ella. Esto es lo que advierte Moisés en Deuteronomio 4:19, es idolatría. Si alguna vez empezamos a sentir que una imagen nos canaliza, nos centra o nos acerca la presencia de Dios de tal manera que nuestra relación con la ilustración es nuestra relación con Dios, entonces hemos tropezado en una postura idólatra del corazón. Si encuentras que esto está pasando el mejor curso de acción es arrepentirse del acto y ser perdonado por la abundante misericordia de Dios en Cristo y luego evitar tal imaginería hasta que puedas recibirla a la manera de Isaías 40:26. ¿Cuál es la manera de Isaías 40:26? Eso es de lo que voy a hablar a continuación.

Como Debes de *Usar* la Imaginería de Full of Eyes: Ilustraciones Como Estrellas

El sentimentalismo y la idolatría son dos peligros que desesperadamente quiero evitar en la creación de la imaginería de Full of Eyes. ¿Pero si estos obstáculos están presentes, por qué trabajar con ilustraciones? La respuesta es que quiero que las ilustraciones de Full of Eyes funcionen de la misma manera que las estrellas están funcionando en Isaías 40:26, es decir, como *heraldos visuales,* apuntando fuera de sí mismos hacia alguien más.

Como las ilustraciones de Full of Eyes, las estrellas pueden dar a alguien una idea breve y vaga de la grandeza del universo (sensacionalismo), o pudieran mover a alguien a orar o adorarlas (idolatría). Sin embargo, el *propósito* de las estrellas es ser testigos del poder creativo y la fuerza infinita del Señor. Cuando vemos las estrellas con ojos Cristianos, aprendemos de ellas a quien debemos adorar. Y aprendemos de ellas un poco de *por qué* debemos adorarle.

Ésa es mi oración para las ilustraciones y animaciones de Full of Eyes. Quiero que sean heraldos visuales que enseñen -en cualquier pobre manera que puedan- algo *verdadero* acerca de Aquel a quien debemos adorar con todo lo que somos. Y especialmente quiero que las imágenes lleven al espectador a la Escritura.

Una verdad que alguien aprenda acerca del Señor *solamente* por una ilustración se evaporará cuando la necesite más. Sin embargo, si la ilustración le *recordó, solidificó* o le *condujo* a un pasaje o enseñanza de la Escritura, *entonces* la ilustración habrá hecho—en mi opinión—un bien duradero. Ése es el corazón detrás de cada una de las ilustraciones en este libro: que fielmente representen una verdad nacida de la Escritura acerca de Dios, de tal manera que seas recordado de, afectado por, o llevado a Su palabra en una manera fresca y duradera. Fundamentalmente, es en la palabra de Dios que nosotros le conocemos, y habiéndole visto y conocido *allí,* podemos verle y conocerle donde sea de una manera que es libre de sensacionalismo o idolatría—lo cual es mi oración-.

Que nuestra visión de éstas ilustraciones (y de todas las cosas) sea mediante los lentes de las Escrituras, donde nosotros nos encontramos con nuestro incomparable Dios en Jesucristo, quien murió, resucitó, vive, intercede, reina y pronto volverá. Amém.

Acerca de Full of Eyes

Full of Eyes es un ministerio artístico que oficialmente empecé en el verano de 2014, con la meta de ayudar a las personas a ver y saborear la belleza de Dios en la persona de Jesucristo, como la más preciosa realidad de toda la vida. Hago esto creando animaciones, ilustraciones y guías de estudio complementarias, que son completamente gratis para uso ministerial.

Este ministerio es mi trabajo de tiempo completo, y mediante él, mi esposa y yo somos sustentados por las donaciones mensuales y únicas de personas que creen que Full of Eyes es una manera efectiva de exaltar a Cristo, y a quienes les gustaría ver que continuara en el futuro. Si has sido beneficiado por el ministerio y te gustaría conocer más acerca de donar para apoyar para trabajos posteriores, puedes visitar www.fullofeyes.com/support

¡Gracias por considerarlo!

Y como biografía, esto probablemente sea suficiente: Mi esposa Courtney, y yo vivimos en Washington Court House en Ohio donde disfrutamos servir en varias áreas en nuestra iglesia local, haciendo pizza de pollo en salsa buffalo, y disfrutando de los grandes cielos y desfiladeros boscosos de la región central de Ohio.

Gracias por leer,

Christopher Powers

Printed in Great Britain
by Amazon